Helmut Zimmermann

Tropische Frösche

Pflege und Zucht

Kosmos
Gesellschaft der Naturfreunde
Franckh'sche Verlagshandlung
Stuttgart

Mit 25 Farbfotos von Helmut Zimmermann (17) und Burkard Kahl (8)
sowie 18 Zeichnungen von Helmut Zimmermann (17) und Hans-Hermann Knopf (1)

Umschlag von Edgar Dambacher unter Verwendung eines Farbfotos
von Burkard Kahl
Das Bild zeigt einen Rotaugenfrosch (*Agalychnis callidryas*)

CIP-Kurztitelaufnahme der Deutschen Bibliothek

Zimmermann, Helmut:
Tropische Frösche : Pflege u. Zucht. – 1. Aufl.
– Stuttgart : Franckh, 1978.
   (Kosmos-Vivarium)
   ISBN 3-440-04638-9

Danksagung
Herrn Professor Dr. Werner Frank, Universität Hohenheim, möchte ich für viele
interessante Gespräche und Anregungen und insbesondere für die Durchsicht des
Abschnitts über die Krankheiten der Amphibien recht herzlich danken.
Mein besonderer Dank gilt auch Herrn Dr. Heinz Wermuth, Hauptkonservator am
Staatlichen Museum für Naturkunde Stuttgart (Ludwigsburg) für viele wertvolle
Hinweise und insbesondere für die Durchsicht des Manuskripts.

Tropische Frösche

An den Liebhaber exotischer Frösche 7

Sind die Tropen ein Paradies? 8

Terrarientypen und Einrichtung 10

Gefangen bei Wasser und Brot – oder optimale Ernährung . . 14

Scharten, die nicht auszuwetzen sind:
Fehler bei der Anschaffung 22

Wenn Frösche krank werden 24

Die große Stunde des Terrarianers – die Nachzucht 28

Schutz der Amphibien 47

Wer ist wer? – Ein Kapitel Systematik 50

Auf einen Blick: Gattungen, Arten und ihre Pflege –
eine tabellarische Zusammenfassung 55

Literatur 71

Register 72

Bild 1 (Seite 2). Dieser schwarz-weiß-rot „lackierte" *Dendrobates histrionicus* ist einer der schönsten Färberfrösche oder Pfeilgiftfrösche, der wegen seines andersartigen Hautgifts auch als *Dendrobates lehmanni* bezeichnet wird.

An den Liebhaber exotischer Frösche

Der Sammelleidenschaft sind keine Grenzen gesetzt: Wir können Bilder zusammentragen oder altes Porzellan erwerben, es in Glasvitrinen aufstellen und uns täglich daran erfreuen. In „Glasvitrinen" können wir auch farbige und bizarre Tiere, beispielsweise tropische Frösche halten, aber mit dem bloßen Ansehen allein ist es hier nicht getan. Wer Tropentiere nur zum Angeben hält – und sie bei Verlust immer wieder zu ersetzen gedenkt –, wird dieses Büchlein bald beiseite legen; denn hier wird von der intensiven Beschäftigung mit tropischen Fröschen berichtet, die nicht die tägliche Arbeit nach Feierabend weiterführen, sondern dem Alltagsstreß entgegenwirken soll. Eine Beschäftigung, die sich auf das musische Beschauen, kritische Beobachten oder auf das Zuhören und Aufnehmen eigenartiger Froschlaute erstrecken kann. Wir erleben Naturausschnitte aus fernen Ländern, einen grün wuchernden Urwald mit einer hüpfenden, kletternden und quakenden Froschgesellschaft in allen Farben oder eine Steppenlandschaft mit winzigen Fröschchen auf dürren Gräsern und Zweigen, die jedes Jahr ausgerechnet zu Weihnachten mit ihren riesigen Schallblasen ein atemberaubendes Froschkonzert aufführen – und dabei für eine zahlreiche Nachkommenschaft sorgen. Für ruheliebende Tierfreunde huschen im Aquarium die Zungenlosen – beinahe Urfrösche – unter Wurzelwerk und Wasserpflanzen herum, und urig ist auch ihr Verhalten: Mit ihren abrupten, purzelnden Bewegungen sind sie die Clowns unter den Fröschen, und ihre Kaulquappen lassen sie direkt aus ihrer Rückenhaut schlüpfen. Ein Stück Natur im Wohnzimmer mitten in einer von Lärm erfüllten Großstadt, fremdartige kleine Lebewesen, unserer Obhut anvertraut!
Tierhaltung ist nicht nur Hobby, sondern verpflichtet! Wir müssen unsere Schutzbefohlenen sorgsam pflegen, aber als Tierliebhaber übernehmen wir gerne diese Fürsorge und die damit verbundene Arbeit, erleben wir doch durch eine sinnvolle Beschäftigung mit der Tierwelt Freude und Bereicherung. Und wenn es sich dazu noch um „Tropische Frösche" handelt, dann werden wir mit diesen farbigen Edelsteinen, diesen Perlen in der Tierwelt besonders sorgfältig umgehen, denn einmal sind sie im Zoohandel im Gegensatz zu anderen „Heimtieren" nur sehr spärlich anzutreffen, zum anderen sind einige von ihnen obendrein noch recht empfindlich. Eines aber haben sie unseren einheimischen Fröschen voraus: sie benötigen für ihr Gedeihen keinen Winterschlaf! Und so können wir sie das ganze Jahr über in einem Terrarium im Wohnzimmer halten, denn die etwas erhöhte Zimmertemperatur entspricht ungefähr den durchschnittlichen Temperaturen in den Tropen.

Bild 2. Zwei kleine Nachtgeister, *Phyllomedusa lemur,* sehr treffend Lemurenfrösche genannt.

Sind die Tropen ein Paradies?

Die Tropen sind für uns Froschliebhaber aus den kühleren Gefilden so etwas wie ein Traumland, beinahe ein Paradies: niemals Eis und Schnee, immer nur Sonne und Wärme – auch feuchte Wärme. Es grünt und blüht, wächst und gedeiht das ganze Jahr über, und jahrein, jahraus führen unsere Frösche ein paradiesisches Leben mit großem Futterangebot. Doch auch andere Tiere brauchen Futter, und auf ihrem Speisezettel stehen vielleicht gerade exotische Frösche! Denn „in den Tropen leben" bedeutet, einen harten Kampf um die Existenz zu führen, und zwar mit allen verfügbaren Mitteln.

Im feuchtwarmen Regenwald, in dem es vor Nässe trieft, steigen kleine, nur fingernagelgroße, knallrote Fröschchen am hellen Tag über Baumstümpfe und Blätter. Andere Verwandte dieser Familie der Baum- und Blattsteiger, gelb-schwarz, gelb-grün, blau-gelb oder in anderen knallbunten Farben scheuen ebenfalls nicht das Tageslicht. Sie haben keine Freßfeinde, denn ihr giftiges Hautsekret scheint in der Tierwelt berühmt-berüchtigt zu sein. – Da leben die ungiftigen Gespenster- und Greiffrösche schon gefährlicher

Bild 3. *Dendrobates granuliferus,* ein kleiner Baumsteiger mit rauher Haut.

Bild 4. *Hyperolius marmoratus,* der Marmorriedfrosch aus Ostafrika.

und klettern deshalb nur nachts mit langen Gliedern und bedächtigen Bewegungen im Blattwerk herum. Warum aber haben diese grünen Tiere für die schwarze Tropennacht nur so leuchtend rote Hände und Füße, mächtig hervorquellende rote Augen und blau-gelb-gestreifte Flanken? – An kühleren Gebirgsbächen, deren Lufttemperaturen so gar nicht in unser Tropenklischee passen, huschen hellgrüne, fast durchsichtige Glasfrösche umher. Für sie würde Wärme oder Trockenheit den sicheren Tod bedeuten. – Doch auch ein anderer Lebensraum gehört zum Tropengebiet, in dem es vielleicht nur einmal im Jahr kräftig und ausdauernd regnet: die Savanne. Hier sitzen marmorierte kleine Frösche auf Gräsern oder trockenen Ästen in heißer Sonnenglut, obgleich wir – fast erschlagen von der Hitze – im Schatten Temperaturen von 40 bis 50 °C messen.

Solche Extreme bieten die Tropen, der Teil unserer Erde nördlich und südlich des Äquators, nach Knaurs Lexikon ungefähr zwischen den Wendekreisen, also etwa zwischen 30° nördlicher und 27° südlicher Breite. Hier herrschen Tagestemperaturen zwischen 10 und 50 °C, und die relative Luftfeuchtigkeit liegt zwischen 40 und 100%. Auch wenn wir die Grenze der Lebensräume unserer tropischen Frösche nicht genau auf einen Breitengrad festlegen können, so ist doch hiermit wenigstens das Gebiet umrissen, das uns näher interessiert. Es umfaßt immerhin 40% der Erdoberfläche, und dort ist die Froschfauna weitaus größer oder artenreicher als bei uns. Wenn wir aber winzige Ausschnitte dieser Gebiete nachformen wollen, müssen wir die biologischen Faktoren kennen, um unseren Schützlingen eine möglichst optimale Pflege angedeihen zu lassen.

Terrarientypen und Einrichtung

Den ganzen Biotop unserer Frösche, ihre Umwelt, werden wir wohl nie in unserem kleinen Terrarium nachahmen können. Und doch ist in unseren Wohnräumen die Pflege von kleineren Tieren, wie tropischer Frösche, wegen ihres geringen Aktionsradius viel eher zu verantworten als die Haltung von Vögeln oder gar Affen. Wenn wir uns vorstellen, welche Entfernungen die Vögel pro Tag zurücklegen oder welche Erlebnisse die Affen in der freien Natur während 24 Stunden haben können, dann werden wir sie in einem Zimmerkäfig nur als lebenslänglich Gefangene bedauern können. Auch auf die Todeszelle für den Laubfrosch, den sogenannten „Wetterfrosch", muß kurz hingewiesen werden: früher ein Einmachglas mit Drahtgaze, heute in unserem modernen Zeitalter ein Behälter gleicher Größe aus Kunststoff mit der obligatorischen Holzleiter. Hier kann von einer artgerechten Haltung keine Rede sein. Wir Tierliebhaber jedoch wollen uns bemühen, unseren Pfleglingen ein Stück angenehmere Umwelt in ihrer Gefangenschaft zu bieten, und das ist schwieriger, als es auf den ersten Blick aussieht.

Bild 5 (rechts): So soll ein Terrarium auf keinen Fall aussehen!
Bild 6 (links): Ein Aquarium für voll aquatisch lebende Frösche.

Bild 7. Ein Terrarium für Savannenbewohner.

Entsprechend dem Lebensraum der Frösche unterscheiden wir drei Grundtypen von Behältern: das Aquarium, das halbfeuchte Terrarium und das Tropenterrarium. Für alle drei Grundtypen gibt es eine Voraussetzung: Wasser muß überall vorhanden sein, entweder die ganze Bodenfläche einnehmend oder als Minisee in Form einer Vertiefung im Terrarienboden oder ganz einfach als Wasserschale. Die Größe des Terrariums richtet sich nach der Anzahl der Tiere und nach deren Größe, denn wir werden bald feststellen, daß sie bei guter Ernährung einen starken Stoffwechsel aufweisen, und dann kommen wir mit dem Reinigen kaum mehr nach. Als Faustregel für die Mindestgröße gilt die Sprungweite des jeweiligen Pfleglings. Lange rechteckige Terrarien eignen sich für Wasser- und Bodenfrösche, quadratisch hohe Terrarien wählen wir für Baumfrösche.

Das Aquarium ohne besondere Einrichtung ist die einfachste Wohnung für tropische Frösche — allerdings nur für die im Wasser lebenden Arten, wie beispielsweise Krallenfrösche und Wabenkröten. Bei der Pflege dieser Lurchgesellschaft können wir auf Wasserpflanzen verzichten, aber wenn es doch sein muß, wählen wir am besten kräftige, widerstandsfähige Gewächse. Ein einfacher Unterschlupf sollte vorhanden sein, er wird vorzugsweise in der Ruhepause aufgesucht. Am besten bauen wir eine Höhle aus nicht verrückbaren Natursteinen, oder wir bieten wenigstens einen umgestülpten Blumentopf mit ausgebrochenem Zugang an. Hinter diesen kleinen „Gebäuden" verstecken wir einen Innenfilter, der uns die Wasserreinigung wesentlich erleichtert, einen gelegentlichen Wasserwechsel jedoch nicht ganz ersetzt. Als Bodengrund des Aquariums nehmen wir feinen Kies oder gröberen Sand. Den Behälter müssen wir sorgfältig abdecken, denn auch diese Frösche machen kleinere Sprünge oder schieben sich an den Scheiben hoch und entkommen. Man findet sie dann — spätestens beim Putzen — nur noch als Mumie vor. Die spartanische Einrichtung des Aquariums hat einen Vorteil: Wir können die Tiere viel besser kontrollieren. Vor allem können wir kaum den Augenblick verpassen, in dem der Nachwuchs aus der Rückenhaut der Pipamutter schlüpft, denn nun müssen wir schnell handeln und die

Jungen herausfischen, bevor die Eltern sie fressen. Natürlich können wir das Aquarium auch dekorativer gestalten, indem wir die Rückwand mit Steinen oder großen Moorkienwurzeln versehen und für eine Bepflanzung sorgen. Verwenden wir größere Aquarien, dann können wir den Fröschen entsprechend große und robuste Fische zugesellen, die dann die mittleren Wasserschichten beleben; oder wir wählen Oberflächenfische, die sich im oberen Drittel tummeln. Bei dieser Kombination Frosch-Fisch macht uns weniger die Futterfrage Sorge als die Reinhaltung des Wassers (starke Nitrierung durch Frösche).

Das halbfeuchte Terrarium ist vorwiegend für Savannenbewohner gedacht, und an diesen Behälter werden schon ganz andere Anforderungen gestellt. In seiner Konstruktion gleicht es dem Tropenterrarium (s. Skizze) und unterscheidet sich nur von diesem durch größere Lüftungsöffnungen und die Inneneinrichtung. Ein Terrarium, das ständig der Feuchtigkeit ausgesetzt ist, sollte möglichst nicht aus Holzbauteilen bestehen, sondern aus Eternit, Glas oder nichtrostenden Metallen, wie Aluminium. Die notwendige Wärme erhält man entweder durch vorgewärmte Zuluft von außen, durch Bodenheizung, schwächere Wärmestrahler oder durch eine etwas erhöhte Zimmertemperatur. Selbstverständlich ist auch hier ein Wasserteil, möglichst mit Ablauf am Boden, oder eine einfache Wasserschale vonnöten. Aber noch eine weitere Forderung wird an dieses Froschterrarium gestellt: Es muß für eine gut funktionierende Querlüftung gesorgt werden, am besten durch eine Zuluftöffnung unten an der Schmalseite und mit einer Abluftöffnung an der Decke auf der entgegengesetzten Seite. Auch die ganze Deckenfläche kann als Abluftöffnung genutzt werden, indem wir das Terrarium mit Fliegendraht abdecken. Für das Gedeihen der Tiere und Pflanzen ist Tageslicht am günstigsten: Gut bewährt hat sich der Fensterplatz mit Morgensonne, oder noch besser, wir stellen das Terrarium gelegentlich hinaus ins Freie an die Sonne. Hierbei müssen wir allerdings darauf achten, daß sich das Terrarium nicht überhitzt (Treibhauseffekt). Wenn man aber in der Natur – ob in Ostafrika am oder Riedgras oder in Südfrankreich auf den Blumen im Vorgarten – beobachten kann, wie die Frösche im Sommer den ganzen Tag über in praller Sonne sitzen, dann sollte man ihnen in Gefangenschaft wenigstens ein wenig Morgensonne gönnen. Doch in unserer sonnenarmen Gegend darf deshalb die künstliche Beleuchtung, wie beispielsweise Truelite gemischt mit Grolux oder helles Glühlampenlicht nicht fehlen. Als Bodengrund im Terrarium eignet sich Garten- oder Lauberde, evtl. mit Moos überdeckt. Zur Einrichtung gehört ferner, außer den obligatorischen – nicht faulenden oder schimmelnden – Moorkienwurzeln, verschiedenes kleines Pflanzenmaterial, hauptsächlich Gräser und kleine Blattpflanzen, wie Kleine Schwertlilie, Schlangenwurz, Stachellose Aloe und Sansevieria. Besonders schön und dekorativ wirkt ein Terrarium, in dem die Einrichtung genau dem heimatlichen Biotop des Frosches nachgebildet ist, mit demselben Bodengrund, den Steinen und Hölzern und dort wachsenden Pflanzen. Das wird sich jedoch in den wenigsten Fällen durchführen lassen, aber wenn wir ein solches Terrarium einrichten wollen, dann sollten wir die spezielle Literatur über Tropenpflanzen bzw. über „Pflanzen im Terrarium" genauer studieren. Ein Trost bleibt uns jedoch, wenn wir diese Vorstellung nicht verwirklichen können: Die allermeisten Frösche sitzen auf einem Allerwelts-Scindapsus genauso gern wie auf der teuersten Vriesea. Und vielen Fröschen ist sogar die Glasscheibe des Terrariums ein äußerst angenehmer Ruheplatz, wenn sie nur abends ihr Bad nehmen können.

Die Siedler des Tropen- oder Regenwaldterrariums sind allerdings mit einer Badegelegenheit allein nicht zufrieden, sie verlangen nach hoher Luftfeuchtigkeit in Verbindung mit Wärme und einem gut durchlüfteten Terrarium. Hierin liegt die größte Schwierigkeit, denn je feuchter und wärmer es im

Bild 8. Das Terrarium für die Frösche des tropischen Regenwaldes.

Terrarium ist, desto eher beschlagen die Scheiben, und wir haben keinen ungehinderten Blick mehr in den so schön gestalteten Miniurwald. Besser wäre deshalb eine gute Durchlüftung des Terrariums – schon wegen der unter Umständen auftretenden Pilzkrankheiten – aber desto geringer ist die so dringend benötigte Luftfeuchtigkeit. Hier den goldenen Mittelweg zu wählen bleibt letzten Endes dem Fingerspitzengefühl des Pflegers überlassen. Es können deshalb nur technische Hinweise gegeben werden. Eine größere Luftfeuchtigkeit erreicht man auf einfachste Weise, indem man die Durchlüftung durch allmähliches Abdecken der Lüftungsöffnungen auf ein Minimum reduziert; manche Frösche, wie Baum- und Blattsteiger, nehmen uns das nicht weiter übel. Eine andere Methode besteht darin, durch Verdunstung eine höhere Luftfeuchtigkeit zu erreichen. Dazu installieren wir in das Wasserbecken einen regelbaren Heizstab, mit dem die Frösche aber nicht in Berührung kommen dürfen. Die bessere Lösung ist etwas kostspieliger: Ein mit doppeltem Boden oder bodenbeheizter Wanne und regelbaren Zu- und Abluftöffnungen versehenes Tropenterrarium, eine Art Zimmergewächshaus oder ein vollklimatisiertes Blumenfenster, wie es auch für kostbare Orchideen erforderlich ist. Dazu könnten sich Spezialisten unter den Bastlern noch eine durch Hygrostat gesteuerte Berieselungsanlage und durch Lichtdimmer und Schaltuhr geregelte wachstumsfördernde Beleuchtung einbauen. Auch bei der Inneneinrichtung sind der Phantasie keine Grenzen gesetzt: Ein kleiner Wasserlauf – durch eine Aquarienpumpe ununterbrochen in Bewegung gehalten – kann kaskadenartig über Steine oder auch flußähnlich durch die Terrarienlandschaft geführt werden; ein ruhiger Seitenarm dieses Gewässers gestattet den Fröschen das Baden und Ablaichen. Durch sorgfältige Gestaltung des Bodens mit Wurzelwerk, Moos und Pflanzen sowie der Rückwand aus Kork mit Bromelien, Orchideen und Ästen verziert, kann eine Urwaldlandschaft en miniature hergestellt werden. Für das klimatische Wohlergehen der Tiere scheint gesorgt zu sein – vorausgesetzt, daß man diesen kleinen Urwald auch richtig pflegt und von Kot sowie verendeten Futtertieren reinigt, denn das biologische Gleichgewicht wird sich trotz raffiniertester Technik nie ganz einstellen. Dafür ist der Lebensraum einfach noch zu klein, und vielleicht wollen wir den echten Urwald letzten Endes dann doch nicht, diese grüne Hölle, in der ein Lebewesen vom anderen lebt. Vor allen Dingen wird dann eines fast ganz unmöglich, woran wir als Pfleger der oft seltenen Tiere denken sollten: Nachzucht und Aufzucht! Doch bevor wir uns dieser besonderen Aufgabe zuwenden, müssen wir uns zunächst um das Wohl unserer Schutzbefohlenen durch Beschaffung der geeigneten Futtertiere bemühen.

Gefangen bei Wasser und Brot – oder optimale Ernährung

Fast alles, was sich bewegt und kleiner ist als das Maul, versuchen die meisten Frösche auch zu fressen. Kleinere Frösche und Echsen wollen wir als Futtertiere von vornherein ausschließen, die einheimischen Arten sind bei uns fast alle geschützt. Es gibt noch eine breite Palette anderer Möglichkeiten. Mehlwürmer bzw. Mehlkäferlarven sollten wir nicht als Dauerfutter, sondern höchstens als Zusatzkost betrachten. Wir können sie überall kaufen, aber die wenigsten Frösche fressen sie gern. Als Hauptnahrung bevorzugen die meisten Frösche immer noch Fliegen, und zwar in allen Größen: Die frisch verwandelten Frösche fressen die Taufliege, aber auch Spring-

Bild 9. *Bufo blombergi,* die kolumbianische Riesenkröte, wird mit Mäusen gefüttert.

schwänze, Blattläuse, kleine Heimchen und Grillen. Die kleinen bis mittelgroßen Frösche bevorzugen die Stubenfliege und die größeren den „Brummer". Alle diese Fliegen kann und sollte man zumindest den Winter über selbst züchten, wenn man keine Maden aus dem Anglergeschäft erhält. Die Zuchten aber sind meist mit penetranten Gerüchen verbunden, die man in der Wohnung kaum ertragen kann. Da ist es im Sommer schon viel einfacher: Man kaufe sich eine der so gut konstruierten Fly-Fix-Fliegenfallen – trotz vieler Bemühungen hält Marke Eigenbau diesmal nicht mit –, und nun kann man mit rohen Fleischresten oder einem alten Fischkopf als Köder täglich bis zu 200 Fliegen fangen. Doch außer den Fliegen werden auch von vielen Fröschen Heuschrecken, Heimchen und Grillen und deren Larven in allen Wachstumsstadien nicht verachtet. Hier ist die Zucht weniger übelriechend und gut zuhause möglich. Die dicken Brocken unter den Froschlurchen wie beispielsweise *Hyla caerulea* und *Bufo marinus,* um nur einige zu nennen, erhalten sogar kleine Fleischstückchen – auf einer Futternadel gereicht – und außerdem kleine Mäuse, die man leicht selbst im Keller züchten kann. Die Zucht der oben genannten Futtertiere ist nicht sehr schwierig. Da ein breit gefächertes Nahrungsspektrum für das Wohlbefinden und erst recht für die Fortpflanzung unserer Frösche Voraussetzung ist, sollen hier die wichtigsten Futterzuchten kurz besprochen werden.

Bild 10. Die unentbehrliche Fliegenfalle.

Die kleine Tau- oder Essigfliege, *Drosophila melanogaster* ist für die kleinsten und die jüngsten Frösche das wichtigste Futterinsekt. In der warmen Jahreszeit finden sich diese Fliegen in einem Glas mit Obstabfällen von allein ein und damit hat man auch bereits den ersten Zuchtansatz. Wenn aus den gelegten Eiern die Maden hervorkriechen und sich verpuppen, decken wir das Glas mit Gaze oder einem Nylonstrumpfstück ab, und bei ungefähr 25 °C Lufttemperatur schlüpfen zwei Wochen später bereits die ersten Essigfliegen. Nun können wir das Fliegenglas kalt stellen und dann die Fliegen zum Verfüttern in das Terrarium hineingeben oder aber die erstarrten Fliegen (oder einen Teil davon) als Zuchtansatz in ein neues Glas mit einer Nährsubstanz schütten. Diese Nahrung kann wieder aus Obstresten oder auch aus einem Futterbrei bestehen, für den es viele Rezepte gibt; aufgeweichtes Graubrot mit Datteln, Zucker mit etwas Hefe, Bananenbrei, Kindernahrung und ähnliche süße und nahrhafte Lebensmittel oder Reste lassen sich dafür verwenden. Mit einer Messerspitze Nipagin wird die Schimmelbildung verhindert, und so können wir den etwa zwei Zentimeter hohen Futterbrei in dem Glas auch noch für die zweite Nachzucht an Futterinsekten gebrauchen. Dann aber muß das Glas gewechselt, weggeworfen oder sauber gereinigt werden, da sich sonst Milben oder auch Essigälchen einstellen. Mit derselben Methode kann man ebensogut auch die stummelflügelige Form der Taufliege oder die Große Taufliege, *Drosophila funebris* züchten.

Die Stubenfliege, *Musca domestica*, benötigt für ihre Entwicklung von Ei und Made (mit mehreren Häutungen), Tönnchenpuppe bis zur Imago, also dem fertigen Insekt, schon drei bis vier Wochen. Dafür wird sie auch von kleinen wie großen Fröschen gern gefressen. Auch sie läßt sich bei normaler oder etwas erhöhter Zimmertemperatur gut züchten, allerdings ist hier schon ein größeres, ein 1- bis 3-Liter-Glas erforderlich. Es wird mit Drahtgaze abgedeckt und das darin angebrachte Loch entweder mit einem Holzstöpsel oder einem Blechschieber verschließbar gemacht. Den Zuchtansatz fängt man nicht draußen, sondern im Zimmer, da sonst auch dicke Brummer mit eingeschleppt werden. Für die Zusammensetzung des Nährbodens gibt es wiederum viele Rezepte: Roggenkleie mit Hefe und Milch, Kuhmist mit Sägespänen, Roggenkleie mit Quark und später als Futter für die Maden noch zusätzlich Hackfleisch oder Fleischabfälle. Sägespäne, Stroh und Papier erleichtern den schlüpfenden Fliegen das Hervorkriechen, doch bevor sie verfüttert werden, sollte man sie unbedingt noch mit Bananenbrei oder Milch, Zucker und einem Vitaminsaft einige Tage kräftig ernähren, damit sie eine wertvolle Kost abgeben. Wenn zuviel Fliegen auf einmal schlüpfen, kann man sie gut einige Tage im Kühlschrank aufbewahren und dann verfüttern.

Die dicken Brummer für größere Frösche werden ebenfalls so gezüchtet nur mit dem Unterschied, daß man sowohl den Fliegen wie den Maden hauptsächlich Fleisch oder Fleischreste als Köder wie als Futter anbietet. Auf einen großen Nachteil der Fliegenzucht muß hingewiesen werden. Bei den kleinen Fliegen wirkt sich die Gärung und die Ammoniakentwicklung, bei den Brummern obendrein noch der Geruch des faulenden Fleisches für unsere Geruchsnerven verheerend aus. Deshalb ist eine Fliegenzucht nur außerhalb von Wohnräumen zu empfehlen. Fast völlig geruchslos ist die etwas teurere Methode, Fliegenmaden in einem Anglergeschäft zu kaufen, sie sich bei 25 bis 28 °C verpuppen zu lassen, und dann die ausschlüpfenden Fliegen vor dem Verfüttern einige Tage mit Bananenbrei und Vitaminzusatz gut zu ernähren.

Bild 11. Insektenzuchtkasten

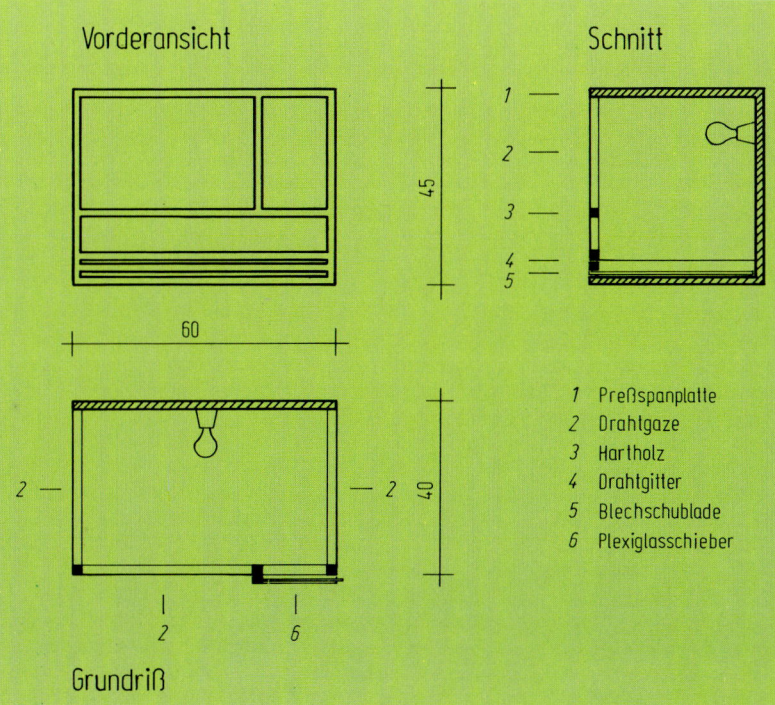

Vorderansicht

Schnitt

1 Preßspanplatte
2 Drahtgaze
3 Hartholz
4 Drahtgitter
5 Blechschublade
6 Plexiglasschieber

Grundriß

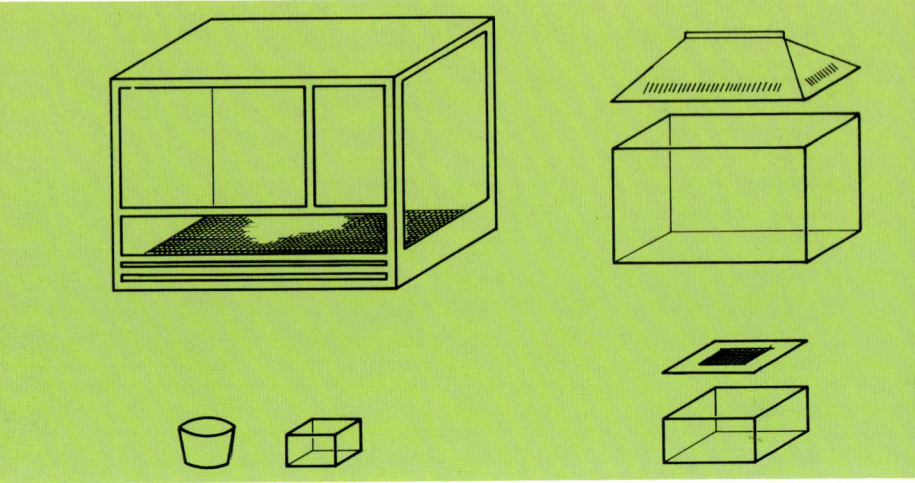

Bild 12. Insektenzuchtkasten mit Legebehältern (links), Aufzuchtkästen (rechts)

An weiteren Insekten für unsere Futterzuchten kommen für uns die schwarzbraune Mittelmeergrille, *Gryllus bimaculatus,* und das hellbraune Heimchen, *Gryllus domesticus,* in Frage, die im Gegensatz zu unseren einheimischen Feldgrillen und Heuschrecken das ganze Jahr über gezüchtet werden können. Auch sie dienen als frisch geschlüpfte Insekten den kleinen Fröschen wie den Dendrobatiden, kleineren Ried- und Jungfröschen, im weiteren Wachstumsstadium dann den größeren Fröschen als Nahrung. Besonders in der kälteren Jahreszeit sind diese Zuchten zusammen mit den Fliegen die wichtigste Nahrungsquelle. Die Zuchtbehälter müssen trocken und gut durchlüftet sein. Sie sollen sich leicht reinigen lassen und absolut dicht schließen, sonst könnte man eines Tages glauben, daß man sich nicht in einem mitteleuropäischen Wohnzimmer, sondern bei dem musikalischen und intensiven Grillengezirpe im immerwährenden Urlaub im sonnigen Süden befände. Bei meiner Zuchtanlage herrscht eine Raum- bzw. Umgebungstemperatur von durchschnittlich 30 °C, während innerhalb der Zuchtbehälter die Temperatur durch eine Tag und Nacht brennende Glühlampe bis über 40 °C ansteigt. Da sich diese Zuchtbehälter seit vielen Jahren für Grillen, Heimchen und auch Heuschrecken gleichermaßen gut bewährt haben, möchte ich sie hier genauer beschreiben.

Das Rahmengestell – 60 × 40 × 45 cm – ist nur an der Unterseite und der Rückseite mit aufgeleimten Spanplatten abgeschlossen. Die beiden Seitenteile sowie die Decke sind mit so feinmaschigem Drahtgewebe oder gröberer Gaze bespannt, daß auch frisch geschlüpfte Heimchen nicht hindurch können. Die Frontseite sieht etwas komplizierter aus, sie hat auch verschie-

dene Funktionen. Der größte Teil ist ebenfalls mit demselben Drahtgewebe bespannt, bis auf eine Öffnung für den Glasschieber. Hier kann man mit der Hand bequem die zum Verfüttern vorgesehenen Tiere oder die Verstecke (alte Eierbehälter aus Pappe, kleine Kartons oder ähnliches) mitsamt den Insekten herausnehmen, die Legebehälter wechseln und das Futter eingeben. Allerdings sollte dieser Glas- oder Plexiglasschieber in Schienen oder Nuten laufen und ganz dicht abschließen. Ebenso könnte auch ein kleines dichtes Türchen die Öffnung abschließen. Darunter wird in Führungsschienen waagrecht nach innen ein Drahtboden eingelassen, der so engmaschig ist, daß zwar der Kot hindurchfallen, aber halberwachsene Tiere nicht hindurchklettern können. Dieser Drahtgewebeboden erleichtert die Reinigung wesentlich, da die hindurchgefallenen Kotklümpchen von einer darunterliegenden, die ganze Bodenfläche bedeckenden Blechschublade aufgenommen und somit mühelos entfernt werden können. Bei frisch geschlüpften Insekten funktioniert dieses Reinigungsprinzip allerdings nicht, denn sie kriechen bequem durch den Drahtboden. Dann wird entweder der Drahtboden durch einen gleich starken Kunststoffplattenschieber ersetzt oder die mit einem Torf-Sand-Gemisch gefüllten Legebehälter (bestehend aus kleinen Kunststoffschalen, Gefrierschälchen, ausgebrauchten Quark- oder Sülzebechern) werden in etwas größere Aufzuchtbehälter aus Glas oder Kunststoff gestellt. Hier schlüpfen dann die Jungtiere aus – sie können nicht an Glas- oder glatten Kunststoffwänden hochklettern – und werden entweder gleich verfüttert oder etwas später mitsamt ihren hineingegebenen Versteckmöglichkeiten aus Pappe in die Aufzuchtbehälter gebracht.
Der Entwicklungszyklus dauert bei allen drei Insektenarten zwei bis zweieinhalb Monate. Wenn man die Möglichkeit hat, zwei oder drei dieser Zuchtkästen in einem warmen und trockenen Raum aufzustellen, ist auch eine kontinuierliche Futterzucht von Insekten in allen gewünschten Größen gewährleistet. Heimchen und Grillen können bei nicht zu starker Besetzung der Zuchtkästen auch zusammen gehalten werden, doch werden im Lauf der Zeit die wendigeren Heimchen dominieren.
Das Futterangebot für Grillen, Heimchen und Heuschrecken (die letzteren mögen es meist etwas grüner) ist ungefähr gleich: Mohrrüben, Salat und Gras im Sommer, Keimweizen im Winter, dazu Obst, Kleie, Brot und Mäusefutter (Preßlinge). Nur vor gespritztem Salat sollte man sich in acht nehmen, um Vergiftungserscheinungen zu verhüten.
Ein wichtiger Faktor für die kontinuierlich laufenden Futterzuchten ist die gleichbleibende Wärme, denn schon bei 5 °C unter der Durchschnittstemperatur von 30 °C (bei Heuschrecken 35 °C) können die Zuchten stagnieren und 10 °C darüber (z. B. an einem heißen Sommertag in einem Glashaus) bedeutet den sicheren Tod. Daher ist eine Temperaturregelung der Heizung und Lüftung durch einen Thermostaten sehr zu empfehlen. Die erforderliche Wärme erhalten wir durch Unterbringung der Behälter in einem sehr warmen Raum, beispielsweise in einem Heizkeller, Gewächshaus oder durch Aufstellen in der Nähe eines Heizkörpers oder direkt auf diesem. Falls diese Möglichkeiten nicht vorhanden sind, installieren wir eine regelbare elektrische Heizplatte in dem Zuchtbehälter, am besten unter die blecherne

Kotschublade. Zusätzlich ist eine dauernd brennende Glühbirne im Zuchtbehälter sehr zu empfehlen, weil dadurch auch innerhalb des Behälters ein
Temperaturgefälle entsteht, und obendrein die Glühbirne bei Ausfall der nor-
malen Beheizung noch als Notheizung dienen kann.

Während die erwachsenen Weibchen der Grillen ungefähr 3,3 cm und der
Heimchen nur 2,3 cm groß sind, erreichen die Weibchen der Wanderheu-
schrecken aus Nordafrika immerhin die doppelte Größe, nämlich bis zu
5,3 cm die *Schistocerca peregrina* und sogar bis zu 6 cm die *Locusta nigra-
foria.* Sie pflanzen sich ebenfalls in diesen Zuchtbehältern sehr ergiebig fort,
nur lieben sie mehr Grün- als Trockenfutter, also im Sommer mehr frisches
Gras und Löwenzahn, im Winter mehr Keimweizen. Den Keimweizen kann
man sich selbst einfach herstellen, indem man auf einer feuchten Lage Zei-
tungspapier eine Schicht Weizen ausbreitet, diese bei Wärme und Feuchtigkeit an einem hellen Standort bis zu 10 cm hochkeimen läßt und dann verfüttert. Die so aufgezogenen kleinen und mittelgroßen Heuschrecken sind
bei fast allen Fröschen begehrt, die Erwachsenen werden natürlich nur von
den Großfröschen wie *Hyla caerulea* angenommen. Nach mehreren Jahren
läßt die Legetätigkeit infolge der dauernden Inzucht etwas nach und da
steht man wieder vor demselben Problem wie zu Anfang, gute Zuchttiere zu
beschaffen. Die einfachste Lösung ist ein Tauschen von Zuchtinsekten mit
anderen Terrarianern. Aber auch in den Fachzeitschriften werden immer
wieder Zuchtansätze angeboten. Wer aber seinen Urlaub in südlichen Gefilden verbringt, der wird, wie wir, im Süden Italiens, Frankreichs oder in Spa-
nien bei einiger Aufmerksamkeit die großen, fetten Mittelmeergrillen, *Gryllus
bimaculatus,* oder in Südspanien evtl. auch die Nordafrikanische Wander-
heuschrecke finden und sie behutsam als neuen Zuchtansatz nach Hause
bringen.

Die Zucht der kleinen Wachsmotte, *Achroea grisella* oder besser gleich
der großen Wachsmotte, *Galleria melonella* ist noch einfacher als die vorher beschriebenen Futterzuchten. Man nehme nur einen quadratischen Pla-
stikkasten mit dicht schließendem Deckel (Gefrierbehälter ungefähr
20 × 20 × 10 cm), schneide eine Luftöffnung von ungefähr 10 × 10 cm aus
dem Deckel heraus und verschließe diese Öffnung durch Verschweißen mit
einer feinmaschigen Drahtgaze. Dann braucht man nur noch einen Wachs-
mottenansatz und alte Honigwaben vom Imker (eine halbe Wabe paßt gerade in den Behälter), und die Zucht läuft bei etwas wärmerer Zimmertemperatur von ganz allein. Sollte uns die Entwicklung noch zu langsam gehen,
können wir den Zuchtkasten auch an einer wärmeren Stelle deponieren,
und wir können uns dann vor lauter Motten bald gar nicht mehr retten.
Wenn die Maden die Wachsschicht fast aufgefressen haben, gibt man ein
neues, mit Papier umhülltes Stück Wachs hinein, bis nach einiger Zeit die
krümelige Kotschicht der Maden zu hoch geworden ist. Dann muß der ganze Inhalt entnommen und die noch darin befindlichen Maden als neuer
Zuchtansatz in dem frisch gereinigten Behälter mit neuen Waben angesetzt
werden.

Zum Verfüttern wird man zuerst den Zuchtbehälter ins Terrarium stellen
und öffnen, so daß die Falter ins Terrarium fliegen, oder man gibt Wellpapp-

Bild 13. *Hyla rufioculis*, ein munterer kleiner Laubfrosch aus Südamerika.

schichten oder -röllchen in den Zuchtbehälter, in die sich dann die Maden verkriechen und die Falter später schlüpfen. Im ersten Fall kann man den Behälter bald herausnehmen und obendrein die Maden aus der Wachsschicht entfernen, die jetzt passend in allen Größen für die verschieden großen Frösche zur Auswahl vorhanden sind. Es ist zwar etwas mühsam, die einzelnen Maden herauszusuchen, aber sie werden nicht nur von allen Fröschen, sondern auch von Echsen, Affen und vielen Vögeln als Leckerbissen angesehen. Auch für die Zwangsfütterung kranker Tiere oder als Krankenkost für die genesenen werden Wachsmaden gern verwendet, da sie nicht nur schmackhaft und gehaltreich, sondern auch leicht verdaulich sind. Beim Verfüttern aller dieser selbstgezüchteten Futtertiere müssen wir vor allen Dingen darauf achten, daß wir bereits deren Nahrung vitaminisieren oder aber Vitamine beim Verfüttern zugeben, zum Beispiel durch Schütteln der Insekten in einem Glas mit Zugabe von Vitaminpulver (Ospulvit®, Reptovit® oder ähnliches). Viel nahrhafter und vitaminreicher sind in den meisten Fällen die in der Natur gefangenen Futtertiere, seien es Fliegen in der vorher genannten Falle, oder aber Wiesenplankton, das wir im Sommer mit einem Insektennetz fangen. Auch Regenwürmer, Nacktschnecken, Kellerasseln und Schmetterlinge werden von manchen Fröschen gern angenommen.

Nur die wasserlebenden Froschlurche, unsere Pipas und Krallenfrösche haben naturgemäß einen anderen Geschmack. Wir füttern sie mit Tubifex und kleinen Fischen (Guppys in allen Größen) und auch mit kleinen Fleischstückchen (Rinderherz). Doch immer müssen wir darauf achten, daß sofort alles gefressen wird, sonst werden wir bald die Verunreinigung im Wasser als Geruchsbelästigung zu spüren bekommen.

Ergänzend zu den Insektenzuchten muß aber noch darauf hingewiesen werden, daß ein Entweichen der Tiere unbedingt verhindert werden sollte, um Prozesse oder Forderungen der Nachbarn auf Schadenersatz zu vermeiden.

Scharten, die nicht auszuwetzen sind: Fehler bei der Anschaffung

Bevor wir Frösche ins Haus holen, sollte der gute Vorsatz gelten: Zuerst das gut „eingefahrene" Terrarium, gut gehende Futterzuchten, und dann erst die Herren des Terrariums, die Frösche! – Aber wer handelt schon nach dieser Faustregel, und wer kann alles so gut vorbereiten? Bei Raritäten hat der Zufall die Hand im Spiel: Neugierig – das sind alle Terrarianer – schauen wir uns im Zoogeschäft um und entdecken plötzlich unseren Traumfrosch, den man nur von Bildern her kennt! Der Zoohändler kennt oft nicht einmal den Namen –; aber sollte man sich diese einmalige Gelegenheit entgehen lassen? Jetzt schlagen wir den Weg ein, den wir eigentlich nicht gehen sollten: Erst nach dem Kauf beginnt das Studium der ohnehin schon spärlichen Literatur, dann erst richten wir das Terrarium ein und laufen uns die Füße nach Futter wund, oder betteln bei befreundeten Terrarianern um erste Nahrung.

Das ist für einen Frosch zwar nicht der optimale Weg in die neue Wohnung, aber in den allermeisten Fällen hält ein gesundes Tier es schon einige Tage gut ohne Futter aus, wenn es nur Wasser zum Baden und nicht zu hohe Temperaturen vorfindet. Aber haben wir vor der Anschaffung den „Weizen von der Spreu" getrennt –, ist unser Tier überhaupt gesund? Hier eine Faustregel vor dem Kauf: Der Frosch sollte möglichst eine glänzende, gespannte Haut bei vollem, abgerundetem Körper haben und keine eingefallene Flächen, die von den vorstehenden Knochen wie Maste eines Zeltes gehalten werden. Jedes Glied sollte gerade gewachsen und gut beweglich sein, krumme Glieder und lahme Beine weisen auf Rachitis hin. Die gesamte Haut bis zur Nasenspitze sollte unverletzt sein, beschädigte Hautteile können durch Springen gegen die Behälterwände oder auch durch Pilzerkrankungen verursacht sein. Wenn wir den Frosch berühren oder ans Hinterteil leicht anstoßen, so muß er sich wehren, sonst können wir ihn gleich dalassen, es sei denn, er macht die typische Schreckstellung, er stellt sich tot.

Vor dieser Prüfung noch ein wichtiger Hinweis: Niemals einen Frosch anfassen, wenn wir an den Händen offene Wunden haben! Nach jeder Berührung des Lurches sofort die Hände waschen! Manche Allergien können durch solch eine Berührung hervorgerufen werden. Und wenn es ganz schlimm kommt, können die mehr oder minder starken Gifte in der Haut verschiedener Frosch- und Krötenarten, wenn sie in die Blutbahn geraten, sogar Lähmungserscheinungen hervorrufen.

Der Idealfall wäre natürlich, wenn wir Liebhaber unsere Tiere selbst aus den Tropen mitbringen könnten. Wir hätten es dann in der Hand, schon während des Transportes für annähernd optimale Hälterung zu sorgen: ausrei-

Bild 14. *Hyperolius* spec., einer von ca. 170 Riedfroscharten.

chende Feuchtigkeit, gute Lüftung, nicht zu viele Tiere — wegen der Selbstvergiftung — zusammen in einem Behälter, Leckerbissen und Reinigung. Für viele Liebhaber ist dies leider nur Wunschdenken, denn meistens kommen sie selten oder nie in die Tropen!

Wenn es uns doch gelingt, eines Tages Frösche heil und gesund nach Hause zu bringen, dann müssen wir uns eine weitere Beschränkung auferlegen: Frisch gefangene — und das gilt auch für Neuankömmlinge aus der Zoohandlung — sollten wir nie in ein schon besetztes Terrarium einquartieren, sondern die Neuen vorerst in Quarantäne halten. Das bedeutet Einzelhaft für ungefähr 8 bis 12 Wochen, und wenn nach dieser Zeit keine Krankheitserscheinungen zu bemerken sind – Kotuntersuchungen sind zu empfehlen –, steht dem Einzug in die zukünftige Wohnung nichts mehr im Wege. Wohl gibt uns diese Vorsichtsmaßnahme keine absolute Garantie für später kerngesunde Tiere, aber doch schon eine große Sicherheit für einen gesunden Tierbestand. Einmal konnte ich es selbst nicht erwarten, kürzte die Quarantänezeit ab, und die Folge war, daß ich ins Tropenterrarium eine Pilzkrankheit einschleppte, die dem gesamten Froschbestand das Leben kostete. Und wenn dann noch – wie in diesem Fall – Tiergruppen darunter sind, mit denen man erfolgreich nachgezüchtet hat, dann ist man von der Notwendigkeit einer ausreichenden Quarantänezeit überzeugt.

Wenn Frösche krank werden...

„Vorbeugen ist besser als heilen!" Diesen Leitsatz sollten wir uns eintrichtern, denn er ist richtungsweisend für die optimale Tierpflege. Schließlich aber muß man auch wissen, wie man vorbeugen kann.
Zwei Faustregeln sind schon im vorhergehenden Kapitel genannt worden: Händewaschen nach jeder Berührung eines Frosches verhindert nicht nur die Übertragung von Krankheiten auf andere Tiere, sondern man bleibt auch selbst davon verschont. Eine Quarantänezeit von 2 bis 3 Monaten für jeden Neuankömmling zwecks besserer Überwachung und zur Kotuntersuchung. Dadurch verhindern wir zumindest eine schnelle und direkte Übertragung von Krankheiten. Aus demselben Grund dürfen wir keine Futtertiere, die von einer Population gemieden wurden, einer anderen im Fremdterrarium verfüttern. Auch die Putzutensilien sollten vor der Reinigung von einem zum anderen Terrarium sorgfältig gereinigt –, evtl. sogar desinfiziert werden. Reinlichkeit ist Vorbeugung: Wer seinen Bestand gesund erhalten will, kommt je nach Besatz nicht darum herum, die Terrarien wöchentlich ein- bis zweimal gründlich zu reinigen. Von Scheiben und Pflanzen, von Boden und Wänden ist der Kot und auch die alte abgestreifte Haut der Frösche zu entfernen und das Wasser im Becken ist möglichst täglich zu erneuern. Denn gerade durch Reinlichkeit verhindern wir die Infektion durch Bakterien oder Parasiten. Ein starker Befall von Fadenwürmern (Nematoden) kann zu Darmvorfall führen, eine oft auftretende Krankheit bei den Baumfröschen. Aber auch ein zu kleines Terrarium mit zu geringer Bewegungsmöglichkeit und dazu eine Überbesetzung können eine Rolle dabei spielen. Wenn Krankheiten erst einmal auftreten, ist guter Rat nicht nur teuer, sondern selbst von Tierärzten nicht immer zu erhalten.
Da ich weder Tierarzt noch Parasitologe bin, kann ich dem Froschliebhaber nur das Wissen um Krankheiten der Frösche vermitteln, das ich durch Gespräche, Sektionen und Untersuchungen bei einem Fachwissenschaftler, dem Leiter der Abteilung Parasitologie der Universität Stuttgart-Hohenheim,

Professor Dr. Werner Frank, während vieler Jahre erworben habe. Es entspricht diesem Büchlein am besten, wenn ich deshalb stark vereinfachend und auf eine für den Laien verständliche Art mich nur auf die wichtigsten Krankheiten, ihre Erkennung, und, wenn möglich, Behandlung kurz beschränke.

Mechanische Verletzungen: Hautschäden, Bißwunden und ähnliches können eitern. Wenn solche Infektionen dazukommen, werden sie zu einer ernsten Gefahr für den Frosch. Wir werden sie mit Sulfonamidsalbe oder -puder behandeln. Am geeignetsten sind dabei neue Präparate, die eine breite Wirkung auf viele Keimarten haben und für ein bis zwei Tage als Depot wirken –, z. B. Bayrena® flüssig oder Durenat® zum Eingeben.

Hautveränderungen sind ebenfalls gut zu erkennen, da sie teilweise durch Parasiten hervorgerufen werden, wie z. B. bestimmte Milben. Wir sollten ihre Entfernung besser dem Fachmann überlassen. Manchmal reicht jedoch auch Bestreichen mit Terracortril®.

„Tumoren" verschiedener Art gibt es auch bei Amphibien. In der Regel sind jedoch innere Organe davon betroffen, so daß man sie äußerlich nicht erkennen und deshalb auch nicht behandeln kann.

Knochenverkrümmungen und Rachitis sind meist auf Haltungsfehler zurückzuführen. Falls nicht zu weit fortgeschritten, kann man diese Krankheit durch Beigaben (oder Injektionen) von Calcium und Vitamin D zusammen mit geringer UV-Lichtbestrahlung (z. B. Vitalite) heilen.

Appetitlosigkeit und Schwäche können dagegen viele Ursachen haben, wie beispielsweise eine innere Pilzerkrankung, eine Mykose oder eine Amphibientuberkulose, bei denen Heilungen kaum möglich sind. Auch Amöbiasis, die durch den Fachmann manchmal durch geringe Dosen Clont® oder eine Terramycin-Lösung geheilt werden kann, ist bei Fröschen gelegentlich beobachtet worden.

Ebenso bestehen beim Darmvorfall im Anfangsstadium noch Erfolgsaussichten durch eine sofortige Behandlung mit Concurat® oder einem anderen Präparat wie Panacur®, die beide gegen einen Befall durch Nematoden (Fadenwürmer) wirken. (Dreimal täglich mit der Pipette eine im Wasser aufgelöste geringe Menge eingeben). – Concurat® 100 bis 300 mg/kg Körpergewicht, Panacur® 30 bis 50 mg/kg Körpergewicht.

Die blutende Darmentzündung – Colitis – erkennt man durch Spuren von Blut im Kot. Sie wird durch bestimmte Bakterien hervorgerufen. Dagegen wurde (allerdings im Anfangsstadium) erfolgreich das Sulfonamid Sulfanilamid (0,5 g/l Wasser) verabreicht.

Bei Auftreibung des Körpers (Wassersucht), wahrscheinlich hervorgerufen durch bestimmte Bakterienarten, ist mir keine Heilungsmöglichkeit bekannt, ebenso wie bei Erblindung.

Auch bei Lähmungen ist alle Mühe vergebens, es sei denn, in leichten Fällen am Anfang der Krankheitserscheinung. Hier kann man die meist durch Vergiftung verursachte Lähmung durch mehrmaliges Baden in sauberem Wasser behandeln. Da alle Amphibien ein mehr oder minder starkes Hautgift haben, kommt es gerade beim Transport vieler Tiere in zu kleinen Behältern oft zu solchen Lähmungen –; Einzeltransport wäre optimal.

Bild 15. *Hyla peronii*. Der Gattungsname der australischen Laubfrösche ist jetzt nicht mehr *Hyla,* sondern *Litoria,* also *Litoria peroni.*

Ödeme − Anschwellungen von Körperteilen können bei Krankheitsbeginn durch Verabreichung von vielseitiger Kost und Multivitaminpräparaten noch erfolgreich behandelt werden.

Mykosen − äußere Pilzerkrankungen sollten nur vom Fachwissenschaftler genau untersucht werden, denn u. U. kann es sich um Pilze handeln, die auch beim Menschen zu Infektionen führen können.

Von vielen weiteren Krankheiten möchte ich als eine der häufigsten Stoffwechselkrankheiten die sogenannte Fettleber erwähnen, deren Ursache noch nicht in allen Einzelheiten geklärt ist. Die Fetteinlagerungen können die Funktion der Leber so stark gefährden, daß der Tod des Tieres unvermeidlich wird. Die Krankheit erkennt man am besten bei der Sektion.

Viele Erkrankungen werden durch Bakterien verursacht, wie die Salmonellose, eine weit verbreitete Infektion, die leicht auf andere Tiere übertragen werden kann. Sie ist auch für den Liebhaber bei mangelnden Hygienemaß-

26

Bild 16. Der Korallenfinger aus Australien, *Hyla caerulea,* jetzt *Litoria caerulea.*

nahmen nicht ungefährlich. Die Diagnose kann nur der Fachwissenschaftler stellen, die Behandlung wird meist mit einem Breitbandantibiotikum durchgeführt (Chloromycetin = Chloramphenicol). Die Verursacher vielerlei Parasiten-Infektionen reichen von den Protozoen (Einzeller) über Fadenwürmer (Nematoden) bis zu den Gliedertieren (Milben). Und da oft nicht nur eine, sondern mehrere Bakterien- und Parasitenarten gleichzeitig auftreten, ist eine sachgemäße Behandlung in den meisten Fällen nur nach genauer Bestimmung der Erreger und gezieltem Einsatz von Präparaten möglich; die Hinzuziehung eines spezialisierten Tierarztes, Parasitologen oder Bakteriologen ist dabei unerläßlich. Unsere Aufgabe ist es, nach einem Todesfall den Behälter gründlich mit verdünnter Chinosollösung® oder einem anderen Präparat zu desinfizieren und die Augen offen zu halten für kleinere, selbst zu behebende Erkrankungen, denn „jedes geheilte Tier braucht nicht durch ein neues ersetzt zu werden"! (W. Frank).

Die große Stunde des Terrarianers – die Nachzucht

Sind tropische Frösche im Terrarium überhaupt nachzuzüchten, oder stellt sich hier eine unüberwindliche Barriere? Nun, wer versucht hat, seine Tiere – wie in den vorhergehenden Kapiteln besprochen – optimal zu pflegen, sollte zumindest einen Zuchtversuch probieren. Sicher ist es eine knifflige Aufgabe, einen mehr oder weniger bekannten Frosch zur Fortpflanzung zu bewegen –, aber auf diesem Gebiet sind Terrarianer ja Zwangsforscher; und Hut ab vor dem, der Erfolg hat und damit sein biologisches Einfühlungsvermögen beweist. Nicht ohne Grund verweisen die Tiergärten meist schon am Eingang auf ihre Nachzuchten –, wer die Anschläge studiert, wird allerdings selten Frösche darauf finden. Terrarianern, denen der große „Wurf" gelungen ist, dürfen zu Recht auf ihre Froschnachzuchten stolz sein. Mühe, Arbeit und Zeitaufwand sind dann vergessen. Und Glückspilzen gelang sogar die Zucht bis in die 3. oder 4. Froschgeneration –; und sollte das nicht ein Anreiz sein, es selbst einmal zu probieren? Geduld ist allerdings Voraussetzung für die Zucht, denn wer glaubt, mit einem technisch perfekt ausgestatteten Terrarium in kürzester Zeit viele Nachzuchttiere zu erzielen – und vielleicht davon träumt, dabei reich zu werden –, wird enttäuscht sein. Zur Zucht zwingt uns auch das in Kraft getretene Washingtoner Artenschutzgesetz, dem die Bundesrepublik Deutschland beigetreten ist, und das die Einfuhr exotischer Tiere stark beschränkt.

Zur Froschzucht brauchen wir Männchen und Weibchen, denn die Jungfernzeugung im Reich der Anuren ist (noch) nicht bekannt. Die Unterscheidung der Geschlechter ist nicht ganz einfach. Meist – nicht immer – haben die Männchen ein oder zwei Schallblasen und geben, wenn man sie rücklings in die Hand legt, ein deutlich mürrisches Quaken von sich. Fast immer sind die ausgewachsenen Weibchen größer als die Männchen und gelegentlich – wie bei vielen Dendrobatiden – haben die Männchen dickere Fingerspitzen. Sonst lassen sich die äußeren Geschlechtsmerkmale nicht so einwandfrei feststellen wie bei Säugern, und häufig erkennen wir das Paar erst beim Fortpflanzungsverhalten. Wer mit diesen „nicht Eindeutigen" züchten möchte, muß wohl oder übel mehrere Tiere erstehen. Und nun möchte ich anschließend die erfolgreichen Nachzuchten verschiedener tropischer Frösche schildern, um einmal Anregungen zu weiteren Bemühungen auf diesem Gebiet zu geben.

Die kleine Wabenkröte, *Hemipipa carvalhoi,* gehört zu der Familie Zungenloser Frösche, der Pipiden, und ist als rein wasserlebender Frosch problemlos in einem Aquarium von den Maßen $50 \times 30 \times 25$ cm zu halten. Die Wassertemperatur sollte 21° bis 26 °C betragen, wobei nach meinen Erfahrungen die Zucht in Leitungswasser (Bodenseewasser) bei einer Gesamthärte von 9° bis 14° dH (Carbonhärte = 2°) und einem pH-Wert von 7 bis 8 gut gelingt. Ein kleiner Versteckplatz zum Unterschlüpfen sollte nicht fehlen. – Professor Dr. P. Weygoldt, der die Großeltern meiner Frösche direkt aus ihrer Heimat Brasilien mitgebracht hatte, berichtete bereits 1973 über ihr

Bild 17. *Hemipipa carvalhoi,* die Zwergwabenkröte. Aus der Rückenhaut des Weibchens schlüpfen gerade die Kaulquappen.

Fortpflanzungsverhalten. Die Nachzucht ist unkompliziert, aber so interessant, daß man sie eigentlich öfter versuchen sollte. Die Frösche, die sich meist am Boden des Aquariums mit ruckartigen, kurzen Schwimmstößen hin und her bewegen, und nur zum Luftholen an die Wasseroberfläche auftauchen, versuchen, mit ihren steif wirkenden Armen und ausgespreizten Fingern alles in sich hineinzuschaufeln, was nicht gerade fest verankert ist. Allerdings spucken sie die versehentlich erwischten kleinen Steinstückchen des Bodengrundes schnell wieder aus, während tierische Kost wie Tubifex, Insekten, kleine Fische oder auch kleine Stückchen Rinderherz hinuntergewürgt werden. – Wenn das Männchen mit einem feinen, langsam ansteigenden Trillerton seine Paarungsbereitschaft anzeigt, hat das reife Weibchen innerhalb der nächsten Tage seine Kloake wie eine kleine Röhre weit ausgestülpt. Dann beginnt der eigentliche Hochzeitstanz, bei dem das Männchen zuerst die Partnerin in der Hüfte umklammert. Sie zittert dabei mit den Hinterfüßen und nun drehen beide zusammen, die gesamte Wasserhöhe des Aquariums dabei ausnutzend, einen großen langsamen Salto. Erst am Ende dieser kreisförmigen Bewegung hebt sich das Männchen etwas von seiner Partnerin ab, während sie den ersten Stoß Eier aus der Kloake entläßt. Diese purzeln nicht etwa herunter ins Wasser, sondern landen auf dem hinteren Rückenteil über der Kloake. Nun drückt sich das Männchen flach auf den Rücken des Weibchens und schiebt die Eier mit ab-

29

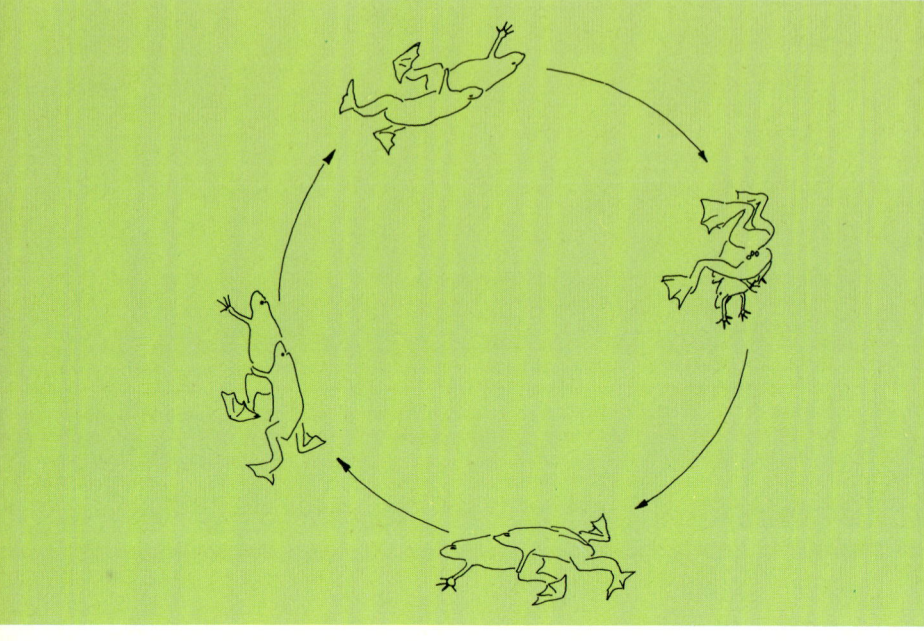

Bild 18. Hochzeitstanz der kleinen Wabenkröte *Hemipipa carvalhoi.*

wechselnden Bewegungen des rechten und des linken Hinterbeines ganz nach vorn auf den Rücken des Weibchens und besamt sie wahrscheinlich auch gleichzeitig dabei. Diese Zeremonie wiederholt sich einige Male. Das schwarze Weibchen sieht nun aus wie mit Hagelkörnern überdeckt, wenn zwischen 60 und 125 weiße Eier (ungefähr 2 mm groß), beinahe in Reih und Glied, fest auf ihrer Rückenhaut haften. Nach zwei Tagen ist die weiße Pracht vorbei, und nur noch wenige helle Punkte erinnern daran, daß alle Eier in der Rückenhaut verschwunden, eingesunken sind.

Drei Wochen später sieht man kleine Anschwellungen auf dem Rücken des Weibchens, und bald brechen aus diesen Beulen fertige kleine Kaulquappen hervor. Zappelnd lösen sie sich aus ihrem Krater, steigen kurz zur Wasseroberfläche auf und sinken auf den Bodengrund nieder. Dies ist der gefährlichste Augenblick in ihrem kurzen Larvenleben. Wenn man die Kaulquappen jetzt nicht sofort aus dem Aquarium entfernt, werden sie im nächsten Moment von ihren Eltern verschlungen, denn ob Guppy oder eigener Nachwuchs, für sie schmeckt beides gleich gut. Viele Kaulquappen sind es nicht, die aus den Eiern bzw. aus der Rückenhaut schlüpfen. Von meist 110 Eiern auf dem Rücken werden nur bis zu 25 Kaulquappen gezählt. Sind die rest-

lichen Eier von der Rückenhaut absorbiert worden oder dienten sie den geschlüpften Larven als Nahrung während ihrer Embryonalentwicklung? Die
Larven wachsen dann in nicht zu kaltem Wasser (ungefähr 24 bis 26 °C)
und bei Fütterung mit Staubfutter wie MikroMin® schnell heran und sind
noch lange Zeit fast durchsichtig.
Nach ungefähr 8 Wochen brechen die Hinterbeine durch und nach weiteren 2 Wochen die Vorderbeine. Der Körper ist dann 15 mm lang, und der
Schwanz hat mit ca. 30 mm noch seine volle Länge und wird erst im Laufe
der nächsten 10 Tage abgebaut.
Bereits nach 8 Monaten kann der Jungfrosch schon fortpflanzungsfähig
sein. Übrigens ist das Weibchen 1 bis 2 Wochen, nachdem die Kaulquappen geschlüpft sind, wieder laichbereit. Und es scheint, daß das Männchen
mit seinem das Paarungsspiel anzeigenden Trillern unter Wasser bereits
darauf wartet. Da sich mehrere Weibchen bei der Paarung manchmal
gegenseitig belästigen, kann als gute Zuchtgruppe in dem oben erwähnten
kleinen Aquarium ein Männchen und zwei Weibchen gelten. Beim Ansatz
weniger geschlechtsreifer Tiere kann man die Fortpflanzung besser über-
wachen und vor allen Dingen die frisch geschlüpften Kaulquappen besser
erkennen und herausfangen. Dieses Fortpflanzungsverhalten der kleinen
Wabenkröte (sie wird ungefähr 5,5 cm groß) ist dem der anderen Pipiden
und der Krallenfrösche bis auf die Brutpflege sehr ähnlich, und die Aufzucht

Bild 19. Entwicklung der Kaulquappe von *Hemipipa carvalhoi.*

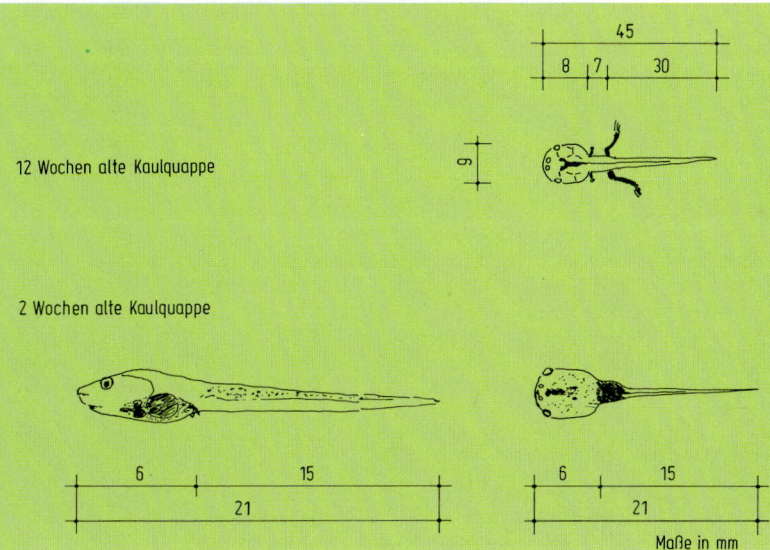

12 Wochen alte Kaulquappe

2 Wochen alte Kaulquappe

Maße in mm

der Kaulquappen ist ungefähr gleich. Die Jungfrösche fressen dann wie ihre Eltern Tubifex und Mückenlarven oder auch frisch geborene Guppys. Die Farbfrösche oder Dendrobatiden bilden eine ganz besonders interessante Familie. Die Indianer schätzen an ihnen das Hautgift, mit dem sie ihre Pfeile für die Jagd präparieren. Für uns sind diese nur 2,4 cm großen Froschzwerge wegen ihrer auffälligen Farben – rot, grün, schwarz, gelb, blau – und wegen ihres Brutpflegeverhaltens so faszinierend. Wenn diese „Farbkleckse" tagsüber auf dunkelgrünen Pflanzen sitzen oder aus den Blattachseln der Bromelien herausleuchten, kann man sie mit Recht als Edelsteine unter den Fröschen bezeichnen. Allerdings brauchen sie als echte Siedler des tropischen Regenwaldes eine relative Luftfeuchtigkeit von 80 bis 100% bei einer Temperatur von 20 bis 28 °C. Dann erst fühlen sie sich wohl und können nicht geahnte Mengen von frisch geschlüpften Heimchen und Grillen, Taufliegen und Wiesenplankton vertilgen, und dann erst ist auch mit Nachkommenschaft zu rechnen. Mit einem Zuchtversuch sollte

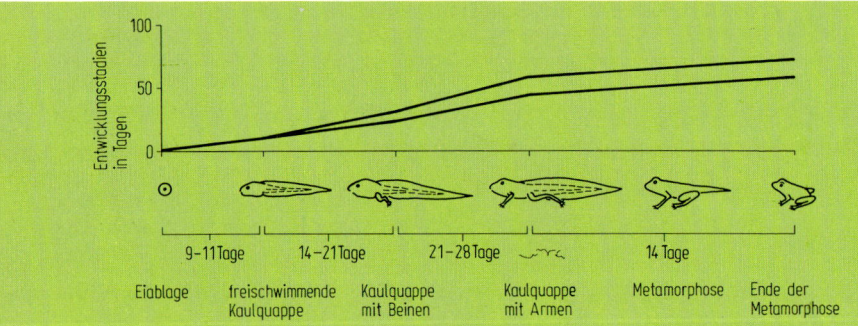

Bild 20. Entwicklungsdauer von *Hemipipa carvalhoi.*

man auch bald beginnen, da – jedenfalls vorläufig noch – einige von ihnen (beispielsweise *Dendrobates auratus, D. pumilio, D. granuliferus, D. histrionicus* und *Phyllobates lugubris*) immer wieder eingeführt werden. Das Fortpflanzungsverhalten ist bei allen Farbfröschen ungefähr gleich. Da sie aber bisher mit mehr oder weniger großem Erfolg nachgezüchtet wurden, möchte ich als Beispiel den Goldbaumsteiger, *Dendrobates auratus,* anführen. Von einer Zuchtgruppe, sie bestand aus einem Männchen und zwei Weibchen, habe ich von August 1973 bis März 1976 dreihundert Nachzuchttiere erhalten, bis dann das Männchen (es ist übrigens an den dickeren Finger-

Bild 21 (rechts oben). *Dendrobates pumilio,* das Erdbeerfröschchen.
Bild 22 (rechts unten). *Dendrobates auratus* (links), der Goldbaumsteiger und *Phyllobates lugubris* (rechts), der Blattsteiger.

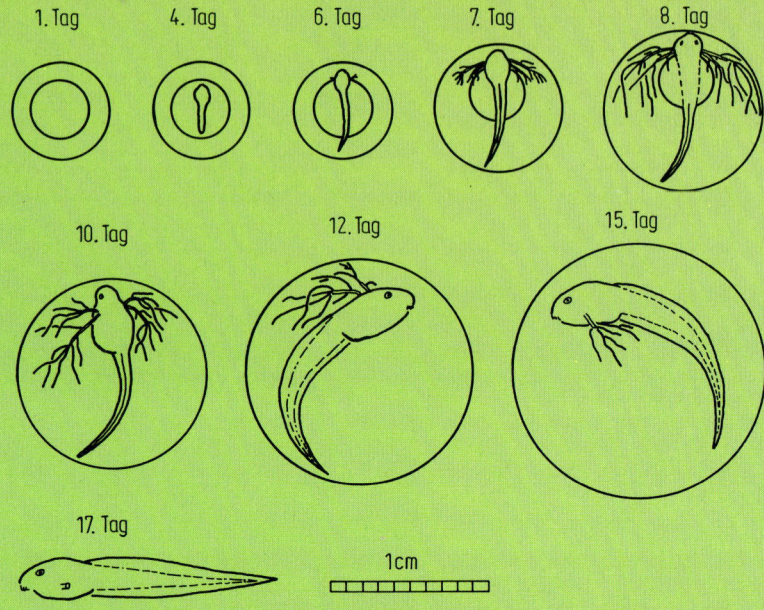

Bild 23. Entwicklung des Embryos von *Dendrobates auratus*.

Bild 24. *Dendrobates auratus*. Entwicklung der Kaulquappe und Veränderung des Mundfelds während der Metamorphose.

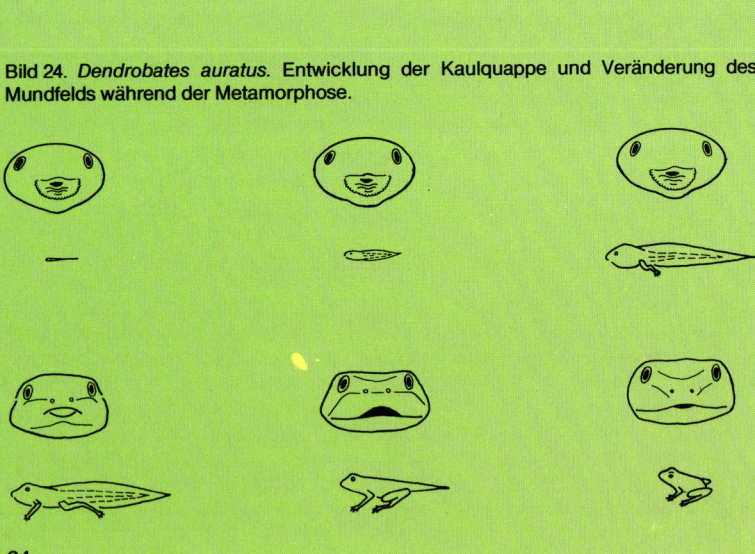

kuppen gut zu erkennen) nach 5jährigem Froschdasein in meinem Terrarium sein so erfolgreiches Leben beendete. Erfolgreich deshalb, weil sich die Zeugung seines Nachwuchses über 2½ Jahre erstreckte; 75 Gelege von je 3 bis 9 Eiern mußten in dieser Zeit besamt werden. Zudem pflegt das Männchen – zumindest in den ersten Tagen – das Gelege, denn die Weibchen setzen ihre wenigen Eier nicht in das Wasser, sondern auf ein Bromelienblatt ab, das beide Partner vorher zusammen ausgesucht haben. Nach der Eiablage haben die Weibchen das Ihre für die Nachkommenschaft getan.

Das Männchen dagegen setzt sich in der nächsten halben Stunde auf das Gelege, um es zu besamen; in den folgenden Tagen klettert es allein bis zu viermal täglich auf das Bromelienblatt und befeuchtet das Gelege. Nach ungefähr 14 Tagen müßte das Männchen die zappelnden Embryonen auf seinem Rücken ins Wasserbecken befördern, das jedoch hat mein Froschmann nie getan. Entweder rutschten die Embryonen von der Kuppe des Bromelienblattes zappelnd in die Blattachsel oder auf die andere Seite über die Blattspitze in das darunterliegende Wassergefäß. Allerdings hatten vorher die Eltern oder andere Farbfrösche den Laich stark dezimiert, deshalb habe ich das Gelege gleich nach der Besamung mit dem Finger sorgfältig in eine kleine Kunststoffschale geschoben, diese mit Wasser aufgefüllt, so daß das Gelege gerade im Wasser schwamm. Die Kunststoffschale wurde mit einer kleinen Styroporplatte gegen Verdunstung abgedeckt. Die Embryonalentwicklung dürfte bei allen Dendrobatiden gleich verlaufen: Zuerst bildet sich auf dem befruchteten Ei die sogenannte Neuralrinne, die zum Nervenstrang des zukünftigen Frosches wird. Dann schließt sich diese Rinne und bildet den Keimling, der am 4. Tag als kleine Erhebung auf dem Ei zu erkennen ist. Zwei Tage später sieht man Ansätze von Außenkiemenästen, die immer größer werden und sich stark verzweigen. Das Ei wird zum Dottersack, und dieser entwickelt sich weiter zum Bauch des Embryos, so daß am 10. Tag die Kaulquappenform schon deutlich zu erkennen ist. Dann bilden sich die Kiemenäste zurück, zuerst an der rechten, dann an der linken Seite. Die Bewegungen des Embryos konnte man bereits am 6. Tag wahrnehmen, nun werden sie aber immer häufiger und intensiver. Gleichzeitig mit dem Wachsen des Keimlings hat sich seine Gallerthülle vergrößert. Die Haut scheint jetzt nur noch sehr dünn zu sein und platzt ungefähr am 15. Tag. Der Embryo schwimmt frei, er ist zur Kaulquappe geworden, die nun mit ausgebildetem Mundwerkzeug Nahrung aufnehmen kann.

Die Kaulquappen werden jetzt in ein kleines Aquarium umgesetzt, das zuerst einen Wasserstand von 1 bis 2 cm, später von 5 bis 8 cm haben sollte. Das Futter, das aus TetraMin®, TetraPhyll® oder ähnlicher Nahrung besteht, streuen wir auf die Wasseroberfläche. Geschickt schlürfen die schwarzen Kaulquappen die Futterflocken ins Maul. Sieben bis 12 Wochen dauert es nun, bis die Hinterbeine langsam hervorwachsen und nach weiteren 2 bis 3 Wochen drücken auch die Vorderbeine aus den Taschen heraus. In den folgenden Wochen erlebt die Larve eine eigenartige Verwandlung, die Metamorphose. Aus dem aquatilen, also wasserlebenden Tier wird jetzt ein Landtier, das seinen Sauerstoff nicht mehr aus dem Wasser entnimmt, sondern ihn durch Veränderung verschiedener Organe über Nase und Lungen

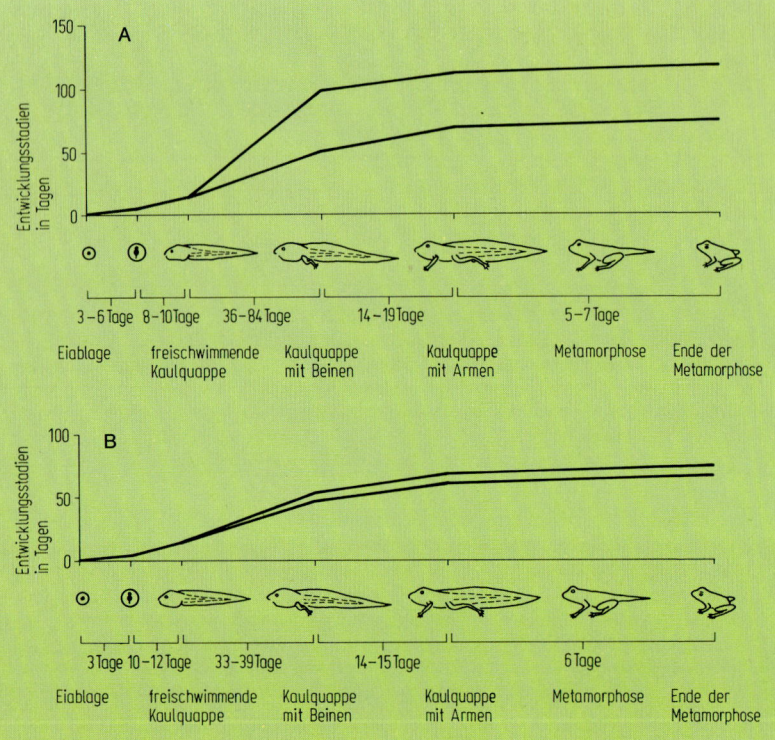

Bild 25. A: Entwicklungsdauer von *Dendrobates auratus*. B: Entwicklungsdauer von *Phyllobates lugubris*.

aus der Luft bezieht. In dieser Zeit kann das Lebewesen keine Nahrung mehr zu sich nehmen, da auch der Quappenmund mit den Lippenzähnchen sich zu einem Froschmaul umwandelt.

Der junge Frosch zehrt jetzt seinen Schwanz auf, der im Laufe der nächsten 6 Tage abgebaut wird, das heißt einschrumpft und somit verschwindet. So haftet eines Tages ein fertiges kleines Fröschchen am Beckenrand, von wo es aufs Land, aufs Trockene steigen möchte. Da allerdings die Umgebung des Aquariums für diesen feuchtigkeitsliebenden, nur 1 cm großen und schon grün-schwarz gefleckten Frosch wegen der üblichen Trockenheit in unseren Räumen den sicheren Tod bedeuten würde, ist es ratsam, ihn bereits 1 bis 2 Tage vorher – wenn er noch den kleinen Stummelschwanz hat – in ein mit Moos gepolstertes Terrarium umzusetzen. Eine flache Wasserschale darf darin nicht fehlen, damit er seinen Flüssigkeitsbedarf durch Baden jederzeit decken kann. Außerdem stellte ich gleichzeitig eine Glasscha-

Bild 26. *Dendrobates leucomelas,* einer der lackglänzenden Färberfrösche.

le mit frisch geschlüpften Heimchen und Grillen vertieft in die Moosschicht hinein – man kann auch stummelflüglige kleine Taufliegen hineinschütten – und die jungen Fröschchen merken sofort, daß das Gewimmel darin etwas Nahrhaftes ist. Nach einer Woche setze ich die Jungfrösche bereits zu den Alten ins Terrarium, wo sie in den ersten Tagen zwar noch ängstlich in winzigen Löchern versteckt leben, aber bald mit den Alten zusammen im Terrarium herum- und zur Futterschale hinhüpfen. Sie fressen dann ebenfalls wie ihre Eltern kleine Heimchen, Grillen, Wachsmaden sowie Wiesenplankton und Taufliegen.

Zu der Familie der Färberfrösche gehören außer den *Dendrobates* auch die *Colostethus* und die *Phyllobates,* die Blattsteiger. Auch bei den Blattsteigern leiten die Männchen die Fortpflanzungstätigkeit mit einem immer wiederkehrenden, minutenlangen Trillern ein, nur mit einer etwas höheren Stimmlage als bei *Dendrobates auratus.* Es klingt ähnlich wie die Gesangsübungen eines jungen Kanarienhahnes. Dann stellen die Männchen den Weibchen nach, versuchen sie mit einer Hand zu streicheln oder auf sie zu springen und hüpfen zusammen bzw. nebeneinander durch das ganze Terrarium, bis sie einen geeigneten Platz auf einem Bromelienblatt für das Brutgeschäft gefunden haben. Manchmal sagt ihnen sogar die glatte Fläche einer in das Terrarium gestellten Petrischale zu. Dort setzt dann das Weibchen das Gelege ab, das nur aus 3 bis 10 Eiern besteht. Wenn man jedoch die im Gegensatz zu den Goldbaumsteigern winzigen Eier sieht, braucht man nicht gleich zu erschrecken. Obwohl der erwachsene *Phyllobates lugubris*

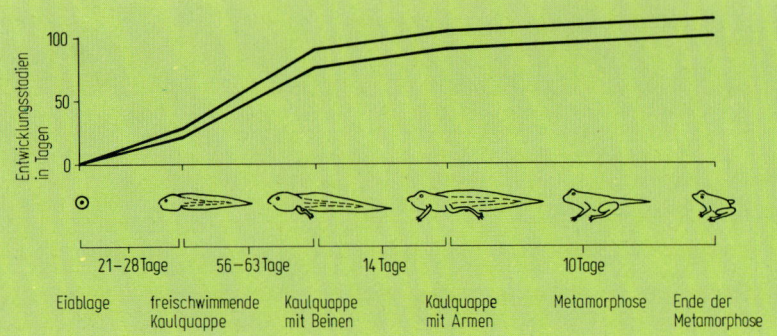

Bild 27. Entwicklungsdauer von *Agalychnis callidryas*.

genauso groß ist wie der *Dendrobates auratus,* haben die Eier nur den halben Durchmesser. Die Entwicklung der Embryonen und der Kaulquappen bis zu den Jungfröschen geht genauso vor sich wie bei *Dendrobates auratus,* nur die Jungfrösche sind halb so groß wie die *auratus*-Nachkömmlinge. Ich habe sie zum Vergleich zusammen aufgezogen und dabei festgestellt, daß die jungen *Phyllobates-lugubris*-Fröschchen erst innerhalb eines Jahres ihre gleichaltrigen Vettern größenmäßig eingeholt haben. Reizvoll ist es, wenn so ein winziger oft nur 1 cm großer Minifrosch als getreues farbiges Abbild seiner Eltern – ob Blattsteiger, Erdbeerfröschchen oder Goldbaumsteiger – mit ihnen zusammen friedlich im Terrarium herumhüpft.
Wie bei den Dendrobatiden, so ist auch bei vielen Hyliden, wie z. B. beim Rotaugenfrosch, *Agalychnis callidryas* das Männchen kleiner als das Weibchen, allerdings mißt mein größtes Weibchen immerhin 7,5 cm. Trotz ihrer Größe gehören diese Tiere des feuchtwarmen Regenwaldes von Mittelamerika mit ihrer blattgrünen Grundfarbe, ihren leuchtend roten Augen, Händen und Füßen und ihren meist gelb-blau-gestreiften Seiten zu den schönsten Arten der großen Laubfroschfamilie. Auch hier ist die Nachzucht schon mehrmals gelungen, und darüber soll kurz berichtet werden. Dem Ablaichen geht eine oft wochenlange Verlobungszeit voraus, bei der das Männchen ununterbrochen auf dem Rücken seiner Partnerin sitzt. Dabei muß es,

Bild 28. *Gastrotheca marsupiata* müßte statt Beutelfrosch besser Rucksackfrosch heißen: Er hat für die Entwicklung der Kaulquappen eine Rückentasche ausgebildet.

was die Nahrung betrifft, sehr enthaltsam sein, denn nur sie kann sich – allerdings mit dem Mann auf dem Rücken – die vielen verschiedenen Fliegen im Terrarium fangen, von denen sich diese Frösche fast ausschließlich ernähren. Eines Abends sucht das Weibchen sich ein großes Blatt aus, das über dem Wasserbecken hängt und befestigt an der Unterseite des Blattes ihre großen Schaumgelege. Nach knapp einer Woche rutscht der Gallertklumpen samt zappelnden Embryonen vom Blatt in die darunterliegende Wasserschale. Da die Embryonen nach einigen Tagen frei schwimmen, sollte man sie am besten in ein Aquarium umsetzen und dem Wasser ein Antipilzmittel wie z. B. Cilex zusetzen, denn gerade in dieser Zeit ist der Ausfall durch Verpilzung am größten. TetraMin® und (ungespritzte!) Salatblätter werden nun gern an der Wasseroberfläche von den Kaulquappen gefressen. Dabei schwimmen sie nicht so munter wie andere Froschlarven im Wasser umher, sondern stehen meist in Schrägstellung von ungefähr 45° im Wasser. Von 1 cm Länge wachsen sie in den nächsten 5 bis 7 Wochen bis zu 5 cm heran und beginnen dann als Jungfrösche sofort mit dem Fangen von Tau- und bald auch von Stubenfliegen. Zuerst deuten nur die rubinroten Augen und die intensiv grüne Farbe auf die schönen Eltern hin, und erst viel später werden auch sie die roten Hände und Füße und die farbigen Flanken erhalten.

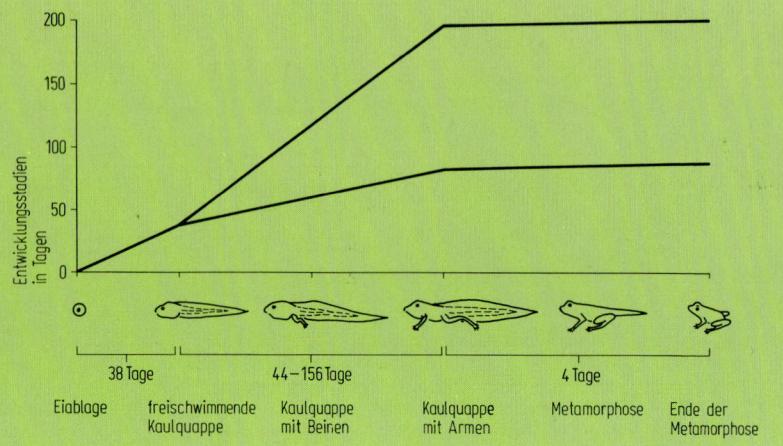

Bild 29. Entwicklungsdauer von *Gastrotheca marsupiata*.

Ein besonders interessantes Brutpflegeverhalten hat der Beutelfrosch, *Gastrotheca marsupiata*. Eigentlich ist die deutsche Bezeichnung irreführend, denn man wird unwillkürlich an Beuteltiere erinnert, die ihre Jungen in einer Bauchtasche mit sich führen. Wohl trägt auch das Weibchen ihre Nachkommen mit sich herum, aber nicht im oder am Bauch, sondern in einer Art Rucksack auf dem Rücken. Auch bei diesen Laubfröschen des Regenwaldes Mittelamerikas sind die Männchen kleiner als die Weibchen und quaken dazu noch vernehmlich laut. Da die Besamung wahrscheinlich wegen der kurzen nächtlichen Zeitdauer schwer beobachtet werden kann, sieht man erst später an der erweiterten und mit vielen Beulen versehenen Rückenhaut des Weibchens, daß ein freudiges Ereignis bevorsteht. Und wenn man dann immer wieder Bewegungen auf dem Rücken, in dem „Rucksack" feststellen kann, wird die Froschmutter bald ihre Brutpflege beendet haben. Sie begibt sich schwerfällig an den Rand des Wasserteils im Terrarium, erweitert mit der Zehe eines Hinterfußes die kleine Öffnung am unteren Teil ihres Rückens und läßt eine Kaulquappe nach der anderen in das Wasser schlüpfen. Von den oft 100 Quappen, die auf diese Weise in die Welt, d. h. ins Wasser gesetzt werden, gibt es wie überall auch einige Kümmerlinge. Ja, es kommt sogar vor, daß die Froschmutter durch tiefes Bohren in der Öffnung ihrer Rucksacktasche mit ihrer längsten Zehe des Hinterfußes noch am nächsten Tag einen toten Embryo oder sogar Eidotter hervorholt, um dann wieder sauber gerüstet für das nächste Brutgeschäft zu sein. Für uns beginnt nun die eigentliche Aufgabe, denn 100 muntere und verfressene Kaulquappen aufzuziehen macht schon etwas Arbeit, weniger das Füttern mit TabiMin-Tabletten als die Reinigung des schnell schmutzig werdenden Wassers. Und hier sind oft dem Froschliebhaber Grenzen gesetzt, denn obwohl er gut gestaltete und überlegt konstruierte Terrarien für seine Pfleglinge besitzt, mangelt es doch bei der reichlichen Froschnachkommenschaft an den vielen erforderlichen Aquarien mit Filter, damit die Kaulquappen besser die Metamorphose erreichen, denn bei der Aufzucht von vielen Quappen auf engem Raum werden die schwächeren unterdrückt. So ist auch zu erklären, daß in Gefangenschaft bei gleichen Bedingungen für alle Quappen die Zeit bis zur Umwandlung 7 Wochen, aber auch 5 Monate dauern kann. Diese Feststellung machte ich nicht nur bei Larven vieler anderer Froschlurche, sondern auch bei meinem Beutel-fröschchen, was aber nicht besagen soll, daß die ,,Langweiler" später als Frösche schwächer oder anfälliger sind als die ,,Erstgeborenen".

Dasselbe habe ich auch bei den afrikanischen Riedfröschen der Gattung *Hyperolius* festgestellt. Es soll von diesen munteren, netten kleinen Gesel-

Bild 30. *Hyperolius marmoratus taeniatus;* auch bei dieser Froschfamilie werden Umbenennungen vorgenommen.

Bild 31. *Rhacophorus leucomystax,* der Weißbart-Ruderfrosch.

len, die meist in der Savanne, aber in der Nähe stehender Gewässer leben, 170 Arten geben; und auch die Populationsdichte ist dazu noch sehr groß. Da nach meiner Erfahrung sowohl die Haltung als auch die Fortpflanzung keine besonderen Probleme aufwirft und in Gefangenschaft von einem Weibchen nicht nur 100, sondern bis zu 800 Kaulquappen im Jahr zu erwarten sind, kann hier die Nachzucht besonders empfohlen werden. Der Marmorriedfrosch, *Hyperolius marmoratus,* gehört wie der bekannte und ebenfalls vermehrungsfreudige *Rhacophorus leucomystax* zur großen Familie der Ruderfrösche (Rhacophoridae). Die schwarz-weiß-gelb marmorierte Rückenzeichnung – sie kann sich im Farbton oft ändern und zudem in der Zeichnung noch sehr variabel sein – wird von den roten Schenkeln und Fußunterseiten kontrastreich betont. Das Männchen bläht zur Weihnachtszeit seine Schallblase mächtig auf. Sie ist fast so groß wie der 3 cm große Frosch, und genauso laut und durchdringend ist auch sein Quaken, ein kurzes hartes diet, diet, diet. Will er doch nicht nur den Weibchen, sondern erst recht seinen männlichen Mitbewohnern imponieren. Quakend und dabei doppelt so groß erscheinend, springen sich die anderen Männchen gegenseitig bedrohlich an. An Nahrungsaufnahme von Fliegen, kleinen Heimchen und Grillen denken auch diese Männchen in der Fortpflanzungszeit kaum.

Eines Abends sitzt dann das Pärchen am Beckenrand oder auf Wasserpflanzen des Wasserteils, und wenn man sich die Mühe macht, die winzigen blau-grünen Eier am nächsten Morgen zu zählen, kann man es auf über 400 bringen, und manchmal eine Woche später vom selben Weibchen nochmals mehr als 300. Dabei sind fast alle Eier befruchtet und bei sauberem Wasser auch nicht verpilzt, so daß das größte Problem bei dieser Froschnachzucht darin besteht, die in den nächsten 5 Tagen schlüpfenden Kaulquappen in geeigneten Aquarien unterzubringen, damit sie sich nicht gegenseitig belästigen. Kannibalismus habe ich zwar nie festgestellt, aber

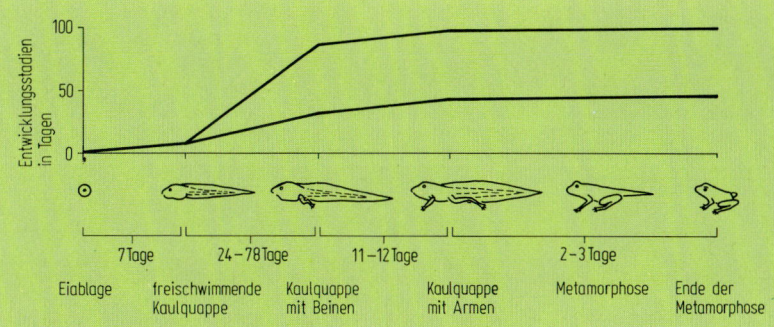

Bild 32. Entwicklungsdauer von *Hyperolius marmoratus*.

wenn die schwächeren Quappen sterben und einen Tag im Wasser liegen, werden sie bald sauber abgenagt. Sonst kann man die von 7 auf 51 mm wachsenden Kaulquappen während ihrer 1½ bis 6 Monate dauernden Entwicklungszeit gut mit TetraMin®-Tabletten füttern. Schon 10 Monate später können die kleinen Frösche, die sich zuerst von Tau- und anschließend von Stubenfliegen ernähren, geschlechtsreif werden, und der Vorgang beginnt von neuem, so daß ich zur Zeit von diesen Fröschen bereits die 4. Generation großziehe.

Der Zipfelfrosch – auch Zipfelkrötenfrosch genannt – *Megophrys nasuta* hat seinen Namen von den Hautzipfeln, die wie spitze Scheuklappen weit über die Augen hervorstehen und auch die Nase überdecken. Die verhältnismäßig großen Bodenfrösche – die Männchen werden bis zu 9 Zentimeter, die Weibchen bis zu 16 Zentimeter lang –, pflegen wir am besten in einem großen und flachen Terrarium. Da die Tiere sehr feuchtigkeitsliebend sind, wird das Terrarium 8 cm hoch mit Wasser gefüllt und die Wassertemperatur auf 22 °C gehalten. Die spartanische, aber hygienische Einrichtung besteht aus einer Schaumstoffmatte und einem Korkeichenstück, dazu *Scindapsus* und *Philodendron*. Ihre Vorzugstemperatur liegt bei 22 °C; als Futter dienen Grillen, Regenwürmer und nestjunge Mäuse.

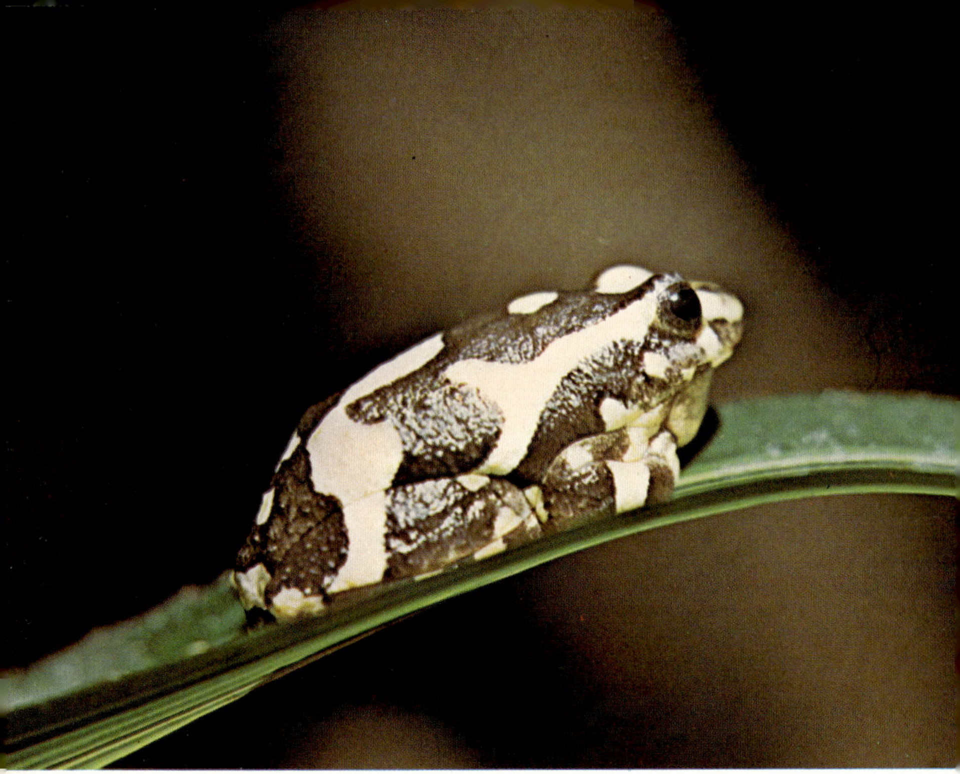

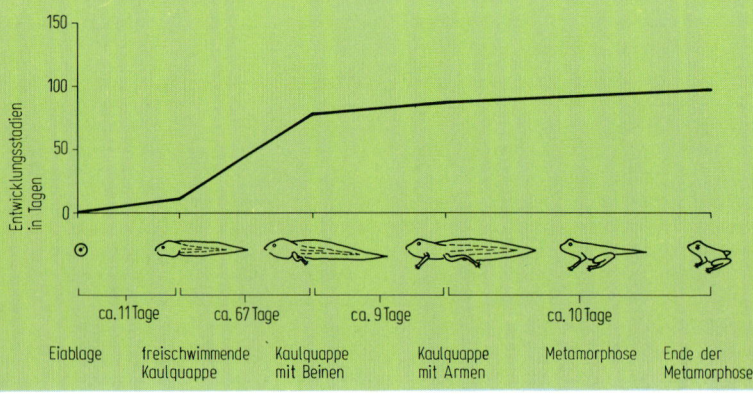

Bild 33. Die Marmorriedfrösche – hier ein Nachzuchttier – variieren in unzähligen Farben und Zeichnungsmustern.

Bild 34. Entwicklungsdauer von *Megophrys nasuta*.

150
100
50
0
Entwicklungsstadien in Tagen
ca. 11 Tage
ca. 67 Tage
ca. 9 Tage
ca. 10 Tage
Eiablage
freischwimmende Kaulquappe
Kaulquappe mit Beinen
Kaulquappe mit Armen
Metamorphose
Ende der Metamorphose

Bild 35. Eine erst 2 cm große Blombergkröte, *Bufo blombergi*, in der Jugendzeichnung.

Nach einem Wasserwechsel erfolgt dann eines Tages die Umklammerung und die Laichabgabe, teilweise im Wasser, teilweise am Rand der Korkrinde nahe dem Wasser. Aus den 2 mm großen Eiern entwickeln sich nach einer Woche ungefähr 6 mm große zappelnde Larven, die in ein Aquarium umgesetzt werden. Sie hängen zuerst an langen Fäden von der Wasseroberfläche bzw. dem Korkstück herab und schwimmen einen Tag später bereits frei umher. Fein zerriebenes Trockenfutter (TetraMin®, TetraOvin®, Tetra-Phyll® und TabiMin®) wird auf die Wasseroberfläche gestreut, und schon schlürfen die Quappen mit ihrem Trichtermund das Futter strudelnd ein. Vom 17. Tag an kann man die Hinterfußansätze erkennen und 9 Tage später brechen die Vorderbeine durch. Nun wird der Wasserspiegel bis auf 3 cm gesenkt, damit die Tiere während der Umwandlung nicht ertrinken. Nach einer Woche ist der Schwanzstummel fast eingeschrumpft und die ungefähr 1 cm großen Jungfrösche werden in das Aufzuchtterrarium umgesetzt, das durch eine immer naß gehaltene Schaumstoffmatte auf dem Terrariumboden eine hohe Luftfeuchtigkeit gewährleistet und außerdem ein leichtes Fangen der Futtertiere, kleiner Heimchen und Grillen, ermöglicht. Bei dieser täglichen Futtergabe, die zweimal in der Woche mit dem Kalk-Vitamin-Präparat, Ospulvit® bestreut wird, wachsen die kleinen Fröschchen rasch heran und erreichen bereits nach 1½ Monaten ihre doppelte Größe.

Bei vielen Terrarianern nehmen Kröten eine Vorzugsstellung ein. Ruhig und bedächtig, mit großen, aufmerksamen, fast traurigen Augen kommen sie abends aus ihren Verstecken hervor und da sie meist recht schnell zahm werden, fressen sie sehr bald aus der Hand.

Die kolumbianische Riesenkröte, *Bufo blombergi,* ist uns erst seit 1950 bekannt und hat bald das Interesse der Zoos erweckt und die Herzen der Tierfreunde erobert, besitzt sie doch außer den beschriebenen sympathischen Eigenschaften obendrein nicht die warzige Krötenhaut, sondern eine glatte, rehbraune Rückenhaut. Das Futter ist dasselbe wie für den Zipfelfrosch, nur daß sie wegen ihrer enormen Größe (die Weibchen werden bis zu 27 cm

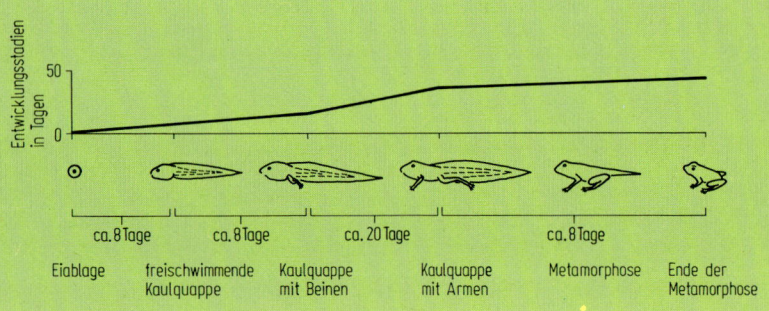

Bild 36. Entwicklungsdauer von *Bufo blombergi.*

lang) auch ausgewachsene Mäuse vertilgen können. Diese Tiere lieben ebenfalls eine hohe Luftfeuchtigkeit und erhalten in ihrem geräumigen Terrarium entweder ein großes Wasserbecken mit 24 °C warmem Wasser oder die Hälfte des Bodens wird gleich als Wasserteil ausgebildet. Die Paarungsbereitschaft wird durch das Rufen des Männchens angezeigt und bald liegen die Laichschnüre in Einer- bis Sechserreihen im Wasser. Die Anzahl der Eier kann man nur schätzen, es dürften bis zu 15 000 Stück pro Weibchen sein, und wenn sie alle befruchtet sind, wäre auch hier wieder das größte Problem, genügend Aquarien oder andere Behälter bereitzustellen. Doch die Natur regelt es selbst, viele Eier verpilzen und von den Laichabgaben mehrerer Weibchen bleiben dann „nur" noch etwas über 2000 Quappen übrig, die sich aus den 2 mm großen Eiern innerhalb 8 Tagen entwikkeln. Bei einem erforderlichen Wasserwechsel zappeln sie zwar zuerst halb erschlagen auf dem Boden, aber bald schwimmen sie zu den Aquarienwänden und fressen das übliche Trockenfutter. Der Stoffwechsel ist sehr rege und infolgedessen steigt auch der Nitritgehalt des Wassers schnell an, so daß ein mehrmaliger Wasserwechsel trotz Filter und starker Durchlüftung unumgänglich ist. Bereits nach zwei Wochen beginnen langsam die Hinterbeine herauszuwachsen und nach weiteren 20 Tagen sind auch die Vorderbeine vorhanden. Eine Woche später verlassen sie – gerade 1 cm groß – als dunkel gefleckte Krötchen ihr nasses Element. Die kleinen Riesenkröten machen ihrem Namen alle Ehre, denn einige von diesen Nachzuchttieren (von A. A. Schmidt) werden auch bei mir gepflegt und wachsen und wachsen: Pro Monat 1 cm in Länge und Breite! Nun, so geht es sicher nicht endlos weiter – die Tiere sind nämlich erst 7 Monate alt – es wird doch abzusehen sein, wann sie ihre endgültige Größe erreicht haben.

Schutz der Amphibien

Um es gleich vorwegzunehmen: In Deutschland stehen alle Froschlurche schon seit langem unter Naturschutz bis auf wenige Ausnahmen, der Wasserfrosch, der Moorfrosch, der Springfrosch und der Grasfrosch. Sie sind so anpassungsfähig und haben eine so große Nachkommenschaft, daß hoffentlich mit ihrer Gefährdung nicht zu rechnen ist. Ähnlich ist es tatsächlich mit den meisten tropischen Fröschen, auch sie vermehren sich so zahlreich, daß für sie – obwohl sie Lieblingsspeise vieler Tiere sind – unter natürlichen Lebensbedingungen noch keine Gefahr der Ausrottung besteht. Viel mehr gefährdet sind die Frösche – wie übrigens viele wildlebende Tiere – durch die Unkenntnis und Interesselosigkeit des Menschen für seine Umwelt. Genau gesehen ist das nicht nur seine Umwelt, sondern seine Mitwelt, die zusammen mit ihm auf dieser Erde leben will und darf. Denn wenn für die Mitwelt keine Existenzmöglichkeit mehr vorhanden ist, dürfte auch das Leben des Menschen im höchsten Grad gefährdet sein. Landschaftsveränderungen, ob durch Trockenlegungen von Gebieten, neue Straßenführungen und Verstädterung tragen zum Verlust vieler Tier- und auch Froschpopulationen bei, und die bedenkenlose Anwendung von DDT und ähnlichen Insektiziden bei der zunehmenden Kultivierung und Intensivnutzung des immer weniger werdenden Bodens haben außer den Insekten auch ganze Gesellschaften von Insektenvertilgern, namentlich Frösche, Vögel, Reptilien ausgerottet. Besonders aber sind Tierarten gefährdet, die nur auf einem kleinen Gebiet existieren. Doch haben nicht nur die großen Institutionen wie I. U. C. N. (Internationale Union für den Schutz der Natur und der natürlichen Hilfsquellen) und W. W. F. (World Wildlife Fund) geholfen, sondern in einigen Fällen ist hier auch Privatinitiative einzelner oder die DGHT (Deutsche Gesellschaft für Herpetologie und Terrarienkunde) wirksam geworden. Sie hat gerade in letzter Zeit durch eine Sammlung bei ihren Mitgliedern den Ankauf eines Geländes im Monte-Verde-Nebelwald von Costa

Rica ermöglicht und damit eine Zerstörung des Lebensraumes der endemischen Goldkröte, *Bufo periglenes,* verhindert.

Trotzdem wird noch im Kleinen wie im Großen überall auf der Welt Raubbau an der Natur betrieben, und so ist es nur zu begrüßen, daß nach sehr langen Verhandlungen am 3. 3. 1973 eine internationale Abmachung zustande gekommen ist, die als „Washingtoner Artenschutzübereinkommen" den Handel mit unmittelbar bedrohten Tier- und Pflanzenarten unterbindet, und die gefährdeten Arten einer Kontrolle unterwirft. Für die Bundesrepublik trat dieses Artenschutzabkommen am 21. 6. 1976 in Kraft und hat damit für uns Froschliebhaber folgende Bedeutung:

a) Laut Anhangliste I sind unmittelbar von der Ausrottung bedroht und dür-

Bild 37. Der Tomatenfrosch, *Dyscophus antongilli,* präsentiert sich in einem leuchtenden Orangerot, obwohl er längst nicht so giftig ist wie die Baumsteiger.

Bild 38 (rechts). *Atelopus varius,* der Prachtstummelfuß.

fen nicht gehandelt werden: *Bufo superciliaris* (Zipfelkröte), *Bufo periglenes* (Goldkröte), *Nectophrynoides spp.* (alle Arten der falschen Baumkröte), *Atelopus varius zeteki* (Panama-Stummelfuß).

b) Laut Anhangliste II ist potentiell gefährdet und einer Kontrolle unterworfen: *Bufo retiformis* (Grüne Kröte).

c) Die Anhangliste III wird ebenfalls gefährdete Arten enthalten, sie wird sich aus nationalen Listen, die noch eingereicht werden müssen, der einzelnen Mitgliedsstaaten (bisher 58 Staaten) zusammensetzen.

Im Rotbuch der I. U. C. N. sind (bis 1975) 19 seltene und gefährdete Froscharten und Unterarten aufgeführt:

Leiopelma archeyi; Leipolema hamiltoni; Leiopelma hochstetteri; Xenopus gilli; Discoglossus nigriventer; Pelobates fuscus insubricus; Bufo boreas

nelsoni; Bufo boreas exsul; Bufo houstonensis; Bufo retiformis; Bufo periglenes; Nectophrynoides occidentalis; Hyla andersoni; Pseudacris streckeri illinoensis; Nesomantis thomasseti; Sooglossus seychellensis; Sooglossus gardineri; Rana goliath; Rana pipiens fisheri.
Auch wir als Terrarianer werden den Erfolg der Bemühungen um den Schutz der wildlebenden Tiere besonders durch die Durchführungsverordnungen zum internationalen Artenschutzübereinkommen bei uns in Deutschland im Laufe der Zeit empfindlich zu spüren bekommen. Die Vorschriften über die bedrohten und gefährdeten Tiere der Anhangliste III der einzelnen Staaten dürften den Handel mit unseren Froschpfleglingen stark beeinträchtigen. Wir dürften deshalb noch mehr als bisher auf den biologischen Ausweg verwiesen werden: Bei möglichst optimaler Haltung unserer Tiere Nachzuchten erzielen!
Damit werden wir nicht nur kritische Mitmenschen eindrucksvoll von unserer verantwortungsvollen Liebhaberei überzeugen, sondern tragen auf unsere Weise bei zur Erhaltung der tropischen Froscharten.

Wer ist wer? – Ein Kapitel Systematik

„Der Naturschutz kann nur dann erfolgreiche Arbeit leisten, wenn seine Förderer über die Artzugehörigkeit ihrer Schützlinge völlig im klaren sind!"
Diese Worte des wohl bedeutendsten Herpetologen Professor Dr. Robert Mertens sollten uns veranlassen, uns mit der wissenschaftlichen Eingliederung unserer Frösche in die große Welt der Tiere etwas vertraut zu machen, ohne daß wir deshalb zu tief in diesen Zweig der Wissenschaft einzudringen brauchen.
Als der schwedische Naturforscher Carl von Linné im Jahre 1758 in der 10. Ausgabe seines Werkes „Systema Naturae" auch die Klasse Amphibia aufstellte, war man sich über die Zugehörigkeit vieler der verschiedenartigen kriechenden und hüpfenden Lebewesen zu dieser Gruppe noch nicht sehr sicher. Es dauerte mehr als 100 Jahre, bis wir mit Boulenger (1878) unserer heutigen Klassifikation nahegekommen sind. Unser jetziges Groß-System beruht hauptsächlich auf Noble (1931).
Heute sind alle Tiere entsprechend den „Internationalen Regeln der zoologischen Nomenklatur" mit wissenschaftlichen Bezeichnungen versehen, wobei zuerst der Gattungsname und dann der Artname genannt ist. Eine weitere (3.) wissenschaftliche Bezeichnung, zum Beispiel *Hyperolius mar-*

Bild 39 (rechts oben). Der amerikanische Laubfrosch, *Agalychnis moreletii*, hat nachts eine braune, tagsüber eine grüne Hautfarbe.
Bild 40 (rechts unten). *Leptodactylus fallax,* der riesige amerikanische Ochsenfrosch, wird von den Eingeborenen als Berghuhn bezeichnet.

Bild 41. *Rana erythraea,* der Rotohrfrosch.

moratus taeniatus, bezieht sich auf die Unterart (Rasse). Zum besseren Verständnis ist der deutsche Name zusätzlich genannt, soweit es ihn für tropische Frösche überhaupt gibt.

Froschlurche zu bestimmen sollte eigentlich nicht sehr schwierig sein – glaubt man im ersten Augenblick. Meist – aber nicht immer – haben Kröten (Bufonidae) eine warzige Rückenhaut, eine plumpe Körperform, sie sind verhältnismäßig groß und lieben mehr das Laufen auf allen vieren und das kurze Hüpfen als das Springen. Aber es gibt Riesenkröten von 24 cm Länge mit glatter Rückenhaut und Miniaturausgaben von 2 cm mit warziger Oberfläche. Laubfrösche (Hylidae) zeichnen sich im allgemeinen durch eine glatte Haut aus und haben verbreitete Finger- und Zehenspitzen, die die Haftfähigkeit der Körperunterseite noch unterstützen. Aber dieselben Eigenschaften und Merkmale treten oft auch bei einer ganz anderen Froschfamilie, nämlich bei den Ruderfröschen (Rhacophoridae) auf. Während Laubfrösche und Ruderfrösche auch auf Gräser und Gebüsch klettern und springen, bleibt ein großer Teil der Frösche auf dem Boden und kann dort aufgrund seines guten Sprungvermögens sogar große Strecken zurücklegen oder – mit Grabschwielen an kräftigen Füßen versehen – sich während der Trockenperioden in mehr oder weniger harten Boden eingraben. Wieder andere, mit Schwimmhäuten zwischen den Zehen, leben verständlicherweise am oder im Wasser. Trotz gleicher äußerer Gestalt und Lebensweise können sie ganz verschiedenen Familien angehören. Denn diese ungepanzerten und wechselwarmen Tiere, die übrigens in der ganzen Welt (mit Ausnahme der Wüsten und Polargebiete) verbreitet sind, müssen sich den Umweltbedingungen besonders gut anpassen, um zu überleben. Das führte im Verlauf ihrer Entwicklungsgeschichte bei verschiedenen Familien zu gleichen oder ähnlichen Formen und Verhaltensweisen. Deshalb sind Körpergröße und Gestalt, Pupillen-, Finger- und Zehenform oder die Hautbeschaffenheit keine absoluten Bestimmungsmerkmale.

Hier hat die Wissenschaft im Laufe der Zeit andere Kriterien für die Bestimmung und systematische Ordnung aufgestellt, die wir aber äußerlich an den Tieren nicht erkennen können: Den Bau des Brust- und Beckengürtels, die Anzahl und die Form der Wirbel.

Die Ordnung der Froschlurche oder Salientia ist in sechs Unterordnungen gegliedert. Zu den ersten vier Unterordnungen gehören die entwicklungsgeschichtlich alten Frösche mit noch primitiven Bauplänen, die sogenannten „niederen Froschlurche". Bei den beiden letzten (5. und 6.) Unterordnungen sind die „höheren Froschlurche" aufgeführt, ihr wesentliches Merkmal ist, daß sie keine Rippen mehr besitzen.

Ordnung Froschlurche (Anura oder Salientia) nach Grzimek
1. Unterordnung, Urfrösche (Amphicoela)
    1,1 Familie Neuseeländische Urfrösche
       (Leiopelmatidae)
    1,2 Familie Schwanzfrösche (Ascaphidae)
2. Unterordnung, Zungenlose (Aglossa)
    2,1 Familie Zungenlose (Pipidae)
3. Unterordnung, Opisthocoela
    3,1 Familie Scheibenzüngler (Discoglossidae)
    3,2 Familie Nasenkröten (Rhinophrynidae)
4. Unterordnung, Krötenfrösche und Schlammtaucher (Anomocoela)
    4,1 Familie Krötenfrösche (Pelobatidae)
    4,2 Familie Schlammtaucher (Pelodytidae)
5. Unterordnung, Echte Frösche und Verwandte (Displasiocoela)
    5,1 Familie Echte Frösche (Ranidae) mit Unterfamilien
       5,10 Arthroleptinae
       5,11 Sooglossinae
       5,12 Dendrobatinae
       5,13 Astylosterninae
       5,14 Phrynopsinae
       5,15 Raninae
       5,16 Petropedetinae
       5,17 Platymantinae
       5,18 Hemisinae
       5,10 Mantellinae
    5,2 Familie Ruderfrösche (Rhacophoridae)
    5,3 Familie Engmundfrösche (Microhylidae) mit Unterfamilien

5,30 Dyscophinae
5,31 Cophylinae
5,32 Asterophryninae
5,33 Sphenophryninae
5,34 Microhylinae
5,35 Brevicipinae
5,36 Melanobatrachinae
5,4 Familie Wendehalsfrösche (Phrynomeridae)
6. Unterordnung, Kröten, Laubfrösche und Verwandte (Procoela)
6,1 Familie Harlekinfrösche (Pseudidae)
6,2 Familie Echte Kröten (Bufonidae)
6,3 Familie Stummelfußfrösche (Atelopodidae)
6,4 Familie Laubfrösche (Hylidae)
6,5 Familie Südfrösche (Leptodactylidae) mit Unterfamilien
6,50 Leptodactylinae
6,51 Rhinodermatinae
6,52 Elosiinae
6,53 Heleophryninae
6,54 Cycloraninae und Myobatrachinae
6,6 Familie Glasfrösche (Centrolenidae)

Bild 42. *Centrolenella,* der Glasfrosch, hat seinen Namen von der durchsichtigen Bauchhaut.

Bild 43. *Dendrobates histrionicus* tritt in vielen Varianten auf; die Zeichnungsmuster sind meist rund oder abgerundet, und zwar in blauer, grüner, gelber oder roter Farbe auf braunem bis schwarzem Grund.

Auf einen Blick: Gattungen, Arten und ihre Pflege – eine tabellarische Zusammenfassung

Etwa 2 600 Arten der Ordnung Froschlurche sind bekannt, und davon leben die meisten in den Tropen. Es ist deshalb ein schwieriges Unterfangen, eine Auswahl unter dieser Mannigfaltigkeit von Froscharten zu treffen. Wenn bei einer solchen Aufstellung auch vereinzelt seltene Froscharten wegen des großen Spektrums der Anurenfauna erscheinen, so ist der weitaus größte Teil doch denjenigen vorbehalten, die verhältnismäßig leicht zu halten und eventuell zur Nachzucht zu bringen sind. Im Rahmen dieses Buches wollen wir uns deshalb bei der Beschreibung der Froschlurche und den Hinweisen auf ihre Haltungsbedingungen zwar nur auf kurze Angaben beschränken (wohl wissend, daß damit ein Mikroklima für die Haltung höchstens angedeutet werden kann), dafür aber eine größere Anzahl, nämlich über 200 Arten und Unterarten aufführen:

Gattungen, Arten, Pflege

K < 20 °C   (symbol) halbfeuchtes Terrarium (Savannenbewohner und Wasserfrösche)
W 20 – 25 °C   (symbol) Regenwaldterrarium (Frösche für hohe Luftfeuchtigkeit)
WW > 25 °C   (symbol) Aquarium (Vollaquatische Frösche)

Fam. Nr.	Wissenschaftlicher Name	Deutscher Name	Größe m f bis…cm	Farbe	Zeichnung oder ähnliches	Ø Temp.	Feuchtigkeit ca.	Terra-rium	Futter i = Insekten m = Mäuse	Fortpfl. auf/im	Verbreitungs-gebiet
5,2	*Afrixalus b. brachycnemis*		2,3	goldgelb	2 schwarze Seitenstreifen	W	50%	(symbol)	i	Blätter	S.-O.-Afrika
5,2	*Afrixalus congicus nigeriensis*		2,8/2,9	braun	goldschimm. Zeichnung	W	80%	(symbol)	i		Nigeria
5,2	*Afrixalus d. dorsalis*		2,5	braun	dunkles Rückenband	W	50%	(symbol)	i	Blätter	Nigeria
5,2	*Afrixalus f. fornasinii*		3,8/4,0	hell	dunkelbraunes Rückenband	W	50%	(symbol)	i	Blätter	S.-, O.-Afrika
5,2	*Afrixalus weidholzi*		2,1/2,5	hellbraun	3 dunkelbraune Längsstreifen	W	50%	(symbol)	i	Blätter	Nigeria, Senegal-Kongo
6,4	*Agalychnis annae*		7,4/8,4	grün	Seiten und Füße gelb/blau	WW	80%	(symbol)	i	Blätter	Mittelamerika
6,4	*Agalychnis calcarifer*		6,5/7,9	grün	Seiten und Füße gelb/schwarz	W	80%	(symbol)	i	Blätter	Mittelamerika
6,4	*Agalychnis callidryas*	Rotaugenfrosch	5,6/7,1	grün	Seiten blaugelb, Füße/Augen rot	WW	80%	(symbol)	i	Blätter	Mittelamerika
6,4	*Agalychnis litodryas*		7,0	grün	gelber Bauch + Füße	WW	80%		i	Blätter	Mittelamerika
6,4	*Agalychnis moreletii*		6,6/8,3	grün	blaue Seitenstreif. Bauch + Füße gelb	W	80%		i	Blätter	Mittelamerika
6,4	*Agalychnis saltator*		4,7/6,2	tags braun, nachts grün		WW	80%	(symbol)	i	Blätter	Mittelamerika
6,4	*Agalychnis spurrelli*		7,2/8,4	grün	Bauch gelb weiße Rückenpunkte	WW	80%	(symbol)	i	Blätter	Mittelamerika
5,17	*Amolops loloensis*	Kaskadenfrosch	5,0	grün	braune Flecken	K	80%	(symbol)	i	Wasser	China, Borneo
5,10	*Anhydrophryne rattrayi*		2,2	braun		W	80%		i	Erdloch	Südafrika

Nr.	Art	Größe (cm)	Farbe	Kopf mit Hautkamm / Zeichnung	W/K	%	Aufenthalt	Verbreitung
6,4	*Anotheca spinosa*	6,9/7,3	braun-gelb gefleckt	Kopf mit Hautkamm	W	80%	Bromelien	Mittelamerika
5,10	*Arthroleptella trewitii*	2,9/3,6	braun	dunkle Flecken	W	80%	feuchter Untergrund	Südafrika
5,10	*Arthroleptella lightfooti*	2,2	braun-rot		W	80%	feuchter Untergrund	Südafrika
5,10	*Arthroleptis poecilonotus*	3,0	veränderlich	veränderlich	W	80%	Untergrund	Nigeria
5,10	*Arthroleptis taeniatus*	1,6	braun		W	50%	feuchter Untergrund	Kamerun
5,10	*Arthroleptis troglodytes* Höhlenfrosch	2,6	braun		W	80%	Untergrund	Kamerun
5,10	*Arthroleptis wahlbergi*	3,8	braun	dunkle Flecken	W	80%	feuchter Untergrund	Südafrika
5,13	*Astylosternus diadematus*	5,8/6,3	schwarz-braun	Bauch schwarz punkt.	W	50%	Untergrund	Kamerun / Nigeria
6,3	*Atelopus boulengeri* Ecuador-Stummelfuß	4,0	hell-dunkel	gefleckt	W	80%	Wasser	Ecuador
6,3	*Atelopus stelzneri* Argentinischer Stummelfuß	3,0	schwarz	gelbe Flecken + Striche	W	70%	Wasser	Argentinien
6,3	*Atelopus varius* Pracht-Stummelfuß	6,0	rot-gelb-schwarz	marmoriert	K	70%	Wasser	Mittelamerika
6,3	*Atelopus zeteki* Panama-Stummelfuß	5,0	goldgelb	schwarze Flecken	W	80%	Wasser	Panama
6,3	*Brachycephalus ephippium* Sattelkröte	2,0	gelb		W	80%	Steine Erdloch	Brasilien
5,35	*Breviceps a. adspersus* Kurzkopffrosch	5,9	braun	helle Flecken längs der Mittellinie	WW	50%	Steine Erdloch	Südafrika
5,35	*Breviceps mossambicus* Kurzkopffrosch	4,3	braun-rosa		WW	50%	Steine Erdloch	Südafrika
5,35	*Breviceps sylvestris* Kurzkopffrosch	5,0	dunkelbraun-hellbr.		WW	50%	Steine Erdloch	Südafrika
5,35	*Breviceps v. verrucosus* Kurzkopffrosch	5,3	dunkelhell-braun		W/WW	70%	Steine Erdloch	Südafrika

Gattungen, Arten, Pflege

K < 20 °C
W 20 – 25 °C
WW > 25 °C

〜 halbfeuchtes Terrarium (Savannenbewohner und Wasserfrösche)
〰 Regenwaldterrarium (Frösche für hohe Luftfeuchtigkeit)
▨ Aquarium (Vollaquatische Frösche)

Fam. Nr.	Wissenschaftlicher Name	Deutscher Name	Größe m f bis...cm	Farbe	Zeichnung oder ähnliches	Ø Temp.	Feuchtigkeit ca.	Terrarium	Futter i = Insekten m = Mäuse	Fortpfl. auf/im	Verbreitungsgebiet
6,2	Bufo alvarius	Koloradokröte	15,6 / 17,8	braun		WW	50%	〜〰	i + m	Wasser	Mexiko, USA
6,2	Bufo amatolica		3,4	dunkel	symmetrisch	W	50%	〜▨	i	Wasser	Südafrika
6,2	Bufo blombergi	Kolumbianische Riesenkröte	24,0	braun		WW	80%	〜〰	i + m	Wasser	Kolumbien
6,2	Bufo carens	Rote Kröte	8,6	rosa-braun	rotbraune Flecken	W	50%	〜〰	i	Wasser	Südafrika
6,2	Bufo garmani		9,8	grün	dunkle Flecken	W	50%	〜〰	i	Wasser	Südafrika
6,2	Bufo gariepensis		5,5	dunkel-braun	dunkle Flecken	W	50%	〜〰	i	Wasser	Südafrika
6,2	Bufo marinus nubicolus	Aga-Kröte	20,0	braun	dunkle Flecken	W / WW	50%	〜▨	i + m	Wasser	Mexiko-Südamerika
6,2	Bufo melanostictus	Schwarznarben-kröte	12,0	braun	schwarze Hornhöcker	W	80%	〜〰	i	Wasser	Südostasien
6,2	Bufo ngamiensis		7,6	dunkel-braun		W	50%	〜〰	i	Wasser	Südafrika
6,2	Bufo paracnemis	Rokoko-Kröte	20,0	braun		W	50%	〜▨	i + m	Wasser	Südamerika
6,2	Bufo perreti		4,3 / 5,9	olivgrün		WW	60%	〜〰	i	Wasser	Nigeria
6,2	Bufo preussi (neu Wernerie p.)	Preuss'-Kröte	3,9 / 4,9	schwarz	f mit rotbraunen Seitenstreifen	W	70%	〜〰	i	Wasser	Kamerun
6,2	Bufo pusillus		6,5	hell	gelbe Rückenlinie	WW	40%	〜〰	i	Wasser	SW.-Afrika
6,2	Bufo regularis	Pantherkröte	9,7	braun	dunkle Flecken	W	50%	〜〰	i	Wasser	Afrika
6,2	Bufo rosei	Gestreifte Bergkröte	3,8	dunkel-braun	helle Rückenstr.	W	50%	〜〰	i	Wasser	Südafrika
6,2	Bufo superciliaris	Zipfelkröte	20,0	senf-farben	rotbraune Flanken Augenzipfel	WW	80%	〜▨	i + m		Kamerun

Nr.	Art	Name	Größe (cm)	Farbe	Merkmale	W	%	i+m	Laichplatz	Verbreitung
6,2	*Bufo taitanus beiranus*		2,4	grau-schwarz	cremfarbene Längsstreifen helle Flecken dunkle Punkte hellbraun	W	50%	-	Wasser	Mozambique
5,10	*Cacosternum capense*	Kreuzfrosch	4,0	grau		W	50%	-	Wasser	Südafrika
5,10	*Cardioglossa leucomystax*		2,6/3,4	beige-silber-grau		WW	80%	--		Nigeria Kamerun
5,10	*Cardioglossa pulchra*	Schöner Herzzüngler	3,0	schwarz	2 helle Rückenstr.	W	80%	-		Nigeria Kamerun
6,50	*Caudiverbera caudiverbera*	Helmkopf	20,0	olivgrün		W	80%	i+m	Wasser	Chile
6,6	*Centrolenella euknemos*	Glasfrosch	2,7	grün	Bauchseite transparent	K/W	80%	-	Blätter	Mittelamerika
6,50	*Ceratophrys appendiculata*	Zipfel-Hornfrosch	2,5		Schnauzenzipfel Augenzipfel	W	80%	-		Brasilien
6,50	*Ceratophrys cornuta*	Hornfrosch	20,0	dunkel-braun	Rückenstreifen m = rot f = grün gestreift	W	80%	i+m	Wasser	Brasilien Guayana
6,50	*Ceratophrys dorsata*	Gestreifter Schildfrosch	18,0	grün-braun		W	80%	-	Wasser	Brasilien
6,50	*Ceratophrys ornata*	Schmuck-Hornfrosch	12,0	braun-leuchtend grün	schwarze, hellgelb umrandete Flecken	W	80%	-	Wasser	Argentinien Brasilien
6,50	*Ceratophrys varia*	Bunt-Hornfrosch	18,0	grau-braun	farbig hornartige Augenzipfel	W	80%	i+m	Wasser	Brasilien
5,2	*Chiromantis rufescens*		6,0	grau-grün	dunkel marmoriert	W	80%	-	Zweige	Nigeria
5,2	*Chiromantis xerampelina*		8,7	silber-weiß-braun	z. T. dunkel marmoriert	W	50%	-	Zweige	Südafrika
5,12	*Colostethus inguinalis*	Panama-Baumsteiger	3,0/3,3	braun	helle Seitenstreifen	W/WW	80%	-	Blätter	Panama Kolumbien
5,12	*Colostethus nubicola*		2,1/2,2	braun	helle Seitenstreifen	W/WW	80%	-	Blätter	Costa Rica
5,12	*Colostethus pratti*		2,4	braun	matte Rückenstr. gelbgrüne	W/WW	80%	-	Blätter	Panama
6,54	*Cyclorana alboguttatus*		9,0	grünlich-braun	grünlich-braun Striche + Punkte	W	50%	--		Panama Australien
6,54	*Cyclorana platycephalus*	Wasserreservoir-frosch	7,0	grün, braun	Punkte	WW	30%	-		Australien

Gattungen, Arten, Pflege

K < 20 °C
W 20–25 °C
WW > 25 °C

〰️ halbfeuchtes Terrarium (Savannenbewohner und Wasserfrösche)
〰️ Regenwaldterrarium (Frösche für hohe Luftfeuchtigkeit)
〰️ Aquarium (Vollaquatische Frösche)

Fam. Nr.	Wissenschaftlicher Name	Deutscher Name	Größe m f bis...cm	Farbe	Zeichnung oder ähnliches	⌀ Temp.	Feuchtigkeit ca.	Terrarium	Futter i = Insekten m = Mäuse	Fortpfl. auf/im	Verbreitungsgebiet
6,50	*Cyclorhamptus asper*		4,0	dunkelgrau	warzig	W	50%		i		Brasilien
5,12	*Dendrobates auratus*	Goldbaumsteiger	4,0	grün/schwarz	gefleckt	W/WW	80%		i	Bromelien	Mittelamerika
5,12	*Dendrobates azureus*		4,0	hellblau	schwarze Flecken	W/WW	80%		i	Blätter	Surinam
5,12	*Dendrobates flavopictus*	Gelbflecken-Baumsteiger	3,0		gelbe Flecken	W/WW	80%		i	Blätter	Brasilien
5,12	*Dendrobates granuliferus*		2,2	rot	grüne Füße	W/WW	80%		i	Bromelien	Costa Rica
5,12	*Dendrobates histrionicus*		3,5	rot/schwarz	gestreift od. gefleckt	W/WW	80%		i	Bromelien	Mittel- und Südamerika
5,12	*Dendrobates leucomelas*		3,8	gelb/schwarz	marmoriert	W/WW	80%		i	Laub	Mittel- und Südamerika
5,12	*Dendrobates pictus* (neu *Phyllobates p.*)		2,0	schwarz	gelbe Streifen und Flecken	W/WW	80%		i	Blätter	Mittel- und Südamerika
5,12	*Dendrobates pumilio*	Erdbeerfrosch	2,2	rot	schwarze Füße schwarze Punkte	W/WW	80%		i	Bromelien	Nicaragua Panama
5,12	*Dendrobates speciosus*	Großer Erdbeerfrosch	3,0	rot	schwarze Füße schwarze Punkte	W/WW	80%		i	Bromelien	Panama
5,12	*Dendrobates tinctorius*		3,0	blau/gelb	blaue Füße schwarze Punkte	W/WW	80%		i	Blätter	Mittel- und Südamerika
5,12	*Dendrobates trivittatus* (neu *Phyllobates t.*)		3,0	grün	gelbe Stirn gelbe Seitenstr.	W/WW	80%		i	Blätter	Mittel- und Südamerika
6,2	*Dendrophryniscus brevipollicatus*		2,5	bräunlich		K	80%		i	Blätter	Brasilien
5,30	*Dyscophus antongilli*	Tomatenfrosch	7,0/12,0	rot	Flecken	WW	80%		i+m	Wasser feuchter Untergrund	Madagaskar
6,50	*Eleutherodactylus guentheri*	Antillenfrosch	5,0	braun		K	80%		i		Brasilien

6,50	*Eleutherodactylus latrans*	Bellfrosch	10,0	–	–	W	50%		–	Erdlöcher Gesteinssp. feuchter Untergrund	Mexiko
6,50	*Eleutherodactylus ricordii*	Kuba-Pfeiffrosch	3,0	rot	2 Seitenstreifen	WW	80%		–		Kuba
6,50	*Engystomops pustulosus*		3,0	braun		W	70%		–	Wasser	Salvador
6,50	*Eupsophus miliaris*	Gewöhnlicher Lärmfrosch	7,5	grau		W	50%		–		Brasilien
6,4	*Gastrotheca marsupiata*	Beutelfrosch	5,0/5,7	grün od. braun	dunkelbraune Seitenstreifen	W	80%		–	Rücken	Ecuador
6,4	*Gastrotheca ovifera*	Riesen-Beutelfrosch	10,0	grün		W	80%		–	Rücken	Ecuador
6,53	*Heleophryne rosei*	Roses Gespenstfrosch	6,3	grün	rötliches Netzmuster	W	50%		–	Boden an Bächen	SW.-Afrika
6,4	*Hemiphractus panamensis*		5,1/5,6	braun	Kopf-Hautfortsätze	W	80%		–	Rücken	Panama
2,1	*Hemipipa carvalhoi*	Zwergwabenkröte	5,5	grau-braun		W			Fische Tubifex		Brasilien
5,18	*Hemisus guttatus*	Punktierter Ferkelfrosch	8,0	oliv-dunkel-braun	runde gelbe Punkte	W	70%		–	Erdhöhle	Südafrika
5,18	*Hemisus marmoratus*	Marmorierter Ferkelfrosch	3,7/4,6	sepia	gelb marmoriert	W	70%		–	Erdhöhle	Südafrika
5,15	*Hildebrandtia ornata ornata*		6,5	dunkel-grau grün	breite, goldene Bänder	W	50%		–	Wasser	Südafrika
6,4	*Hyla albomarginata*	Weißband-Laubfrosch	7,0	hell-dunkel-grün	weiße Punkte	W/WW	50%		–	Wasser	Brasilien
6,4	*Hyla aurea* (neu *Litoria a.*)	Goldlaubfrosch	9,5	hell-dunkel-grün blatt-grün	braun gefleckt goldfarb. Tupfen	W	50%		–	Wasser	Australien
6,4	*Hyla caerulea* (neu *Litoria c.*)	Korallenfinger	12,0	hell-blatt-grün		W	60%		i+m	Wasser	Australien
6,4	*Hyla chloris* (neu *Litoria ch.*)		6,5	hell-dunkel-grün		W	70%		Fliegen		Australien
6,4	*Hyla crepitans*		7,0	rötlich oder weißlich		W	70%		–	Wasser	Panama Venezuela

Gattungen, Arten, Pflege

K < 20 °C
W 20 – 25 °C
WW > 25 °C

halbfeuchtes Terrarium (Savannenbewohner und Wasserfrösche)
Regenwaldterrarium (Frösche für hohe Luftfeuchtigkeit)
Aquarium (Vollaquatische Frösche)

Fam. Nr.	Wissenschaftlicher Name	Deutscher Name	Größe m f bis…cm	Farbe	Zeichnung oder ähnliches	Ø Temp.	Feuchtigkeit ca.	Terrarium	Futter i = Insekten m = Mäuse	Fortpfl. auf/im	Verbreitungsgebiet
6,4	*Hyla dentata* (neu *Litoria d.*)		4,5	grau	braune sattelförmige Zeichnung	W	70%		i	Wasser	Australien
6,4	*Hyla faber*	Kolbenfuß, Schmied	9,0	bräunlich	dunkler Rückenstreifen	W	70%		i	Schlamm	Argentinien Brasilien
6,4	*Hyla goeldii*	Schüsselrücken-Laubfrosch	5,0	bräunlich-schwarz		W	70%		i	Rücken	Brasilien
6,4	*Hyla infrafrenata* (neu *Litoria i.*)		8,1	grün	silberweiß bis goldfarb. Zeichn.	W/WW	70%		i+m	Wasser	Neuguinea
6,4	*Hyla leucophyllata*	Laubkleber	4,0	rotbraun		W/WW	70%		i		Brasilien
6,4	*Hyla maxima*	Riesenlaubfrosch	11,5	graubraun		W	70%		i+m		Südamerika
6,4	*Hyla nasuta* (neu *Litoria n.*)		5,5	hellbraun	brauner Rückenstr. dunkle Flecken	W	80%		i		Australien
6,4	*Hyla peronii* (neu *Litoria p.*)		5,2	grau	smaragdgrüne Pünktchen	W	70%		i		Australien
6,4	*Hyla regilla curta*		3,8/4,4	graubraun	dunkles Rückenmuster	K	70%		i	Wasser	Mexiko
6,4	*Hyla rufioculis*		3,0/4,0	dunkelgrün bis braun	rote Augen	W	70%		i		Costa Rica
6,4	*Hyla staufferi*		2,9/3,2	braun	Flecken	W	70%		i	Wasser	Mittelamerika Costa Rica Panama
6,4	*Hyla uranochroa*		3,7/4,0	grün	dünner weißer Seitenstreifen	W	70%		i		
5,2	*Hylambates maculatus*	Geflecker Waldsteigerfrosch	6,8	olivgrau	dunkelbraune Flecken	WW	40%		i	Wasser	S.-, O.-Afrika

2,1	*Hymenochirus boettgeri*	Zwergkrallenfrosch	3,0	bräunlich	schwarze Flecken	WW		≈≈≈	kl. Fische Tubifex	Wasser	Westafrika
2,1	*Hymenochirus curtipes*	Zwergkrallenfrosch	4,0	dunkelbraun	schwarze Flecken	W	50%	≈≈≈	kl. Fische Tubifex i	Wasser	Afrika
5,2	*Hyperolius argentovittis*	Silberstreifen-Riedfrosch	3,5/3,9	silbergrau bis grün	rote und weiße Flecken u. Streifen	W	50%	◁△◁△	i		Kongo
5,2	*Hyperolius argus*		3,2	grün dunkelbraun	gelbe Flecken	WW	50%	◁△◁△	i		S.-, O.-Afrika
5,2	*Hyperolius cinctiventris*		4,0	braun		W	50%	◁△◁△	i	Wasser	Ostafrika
5,2	*Hyperolius concolor*	Spitzkopf-Riedfrosch	3,1	braun		WW	50%	◁△◁△	i	Gras	Westafrika
5,2	*Hyperolius fusciventris burtoni*		2,5	braun, grün	heller Rückenstr.	WW	50%	◁△◁△	i		Nigeria
5,2	*Hyperolius guttulatus*		3,5	grün	heller Rückenstr.	WW	50%	◁△◁△	i		Nigeria
5,2	*Hyperolius hieroglyphicus*		2,7	leuchtend grün	Rückenstreifen grüngelb	WW	50%	◁△◁△	i		Nigeria Kamerun
5,2	*Hyperolius horstocki*	Arum-Frosch	4,3	elfenbein-braun	marmoriert	W	50%	◁△◁△	i	Wasser	Südafrika
5,2	*Hyperolius m. marmoratus*	Marmor-Riedfrosch	3,0	variabel gelb-schwarz	marmoriert	WW	50%	◁△◁△	i	Wasser	Südafrika
5,2	*Hyperolius m. taeniatus*		3,0	gelbbraun	4 schwarze und 3 weiße Längsstr.	WW	50%	◁△◁△	i	Wasser	Mozambique
5,2	*Hyperolius nasutus*	Kreide-Riedfrosch	2,3/2,6	grün	kleine dunkle Flecken	WW	50%	◁△◁△	i	Blätter	Katanga
5,2	*Hyperolius nitidulus*		5,0	braun grün bis braun	Streifen u. Punkte	WW	50%	◁△◁△	i	Pflanzen	Guinea Nigeria Kongo
5,2	*Hyperolius pictus*		2,9/3,8			WW	50%	◁△◁△	i		
5,2	*Hyperolius pusillus*		2,0	grün	kl. schwarze Punkte	WW	50%	◁△◁△	i	Wasser	S.-, Ostafrika

K < 20 °C
W 20 – 25 °C
WW > 25 °C

halbfeuchtes Terrarium (Savannenbewohner und Wasserfrösche)
Regenwaldterrarium (Frösche für hohe Luftfeuchtigkeit)
Aquarium (Vollaquatische Frösche)

Fam. Nr.	Wissenschaftlicher Name	Deutscher Name	Größe m f bis...cm	Farbe	Zeichnung oder ähnliches	⌀ Temp.	Feuchtigkeit ca.	Terrarium	Futter i = Insekten m = Mäuse	Fortpfl. auf / im	Verbreitungsgebiet
5,2	*Hyperolius quinquevittatus*	Fünfstreifen-Riedfr.	2,5	braun	dunkle Streifen	WW	50%		i		Angola bis Tanganjika
5,2	*Hyperolius tuberlinguis*		3,6/3,9	braun bis gelbgrün	kleine dunkle Punkte	W	50%		i	Blätter	S.-, Ostafrika
5,34	*Kaloula pulchra*	Indischer Ochsenfrosch	7,5	dunkel-braun Kopf ocker-gelb	Flecken	W	50%		i	Wasser	Südostasien
5,2	*Kassina senegalensis*	Senegal-Streifen-frosch	5,2	grau bis olivgrün	dunkelbraune Längsstreifen	W	70%		i	Blätter	Südafrika
5,2	*Kassina wealii*		3,0	silber-grau	3 schwarze Längsstreifen	W	70%		i	Wasserpfl.	Südafrika
5,14	*Leptodactylodon ovatus*		1,7	rotgelb	gestreift	W	70%		i		Nigeria
6,50	*Leptodactylus pentadactylus*	Südamerikanischer Ochsenfrosch	17,0	braun bis gelb-braun	Hellere Flecken bilden Querbinden	W	50%		i	Ufer der Gewässer	Südamerika
5,2	*Leptopelis calcaratus*		6,0	grau-braun	dunkel	WW	70%		i		Nigeria Kamerun
5,2	*Leptopelis concolor*		6,5	hell-braun	dunkelbraune Flecken	W	50%		i	Pflanzen	S.-, Ostafrika
6,45	*Limnodynastes tasmaniensis*	Tasmanischer Sumpffrosch	6,0	oliv-farben	dunkle Flecken	W	50%		i	Gräben	Australien
5,19	*Mantella aurantiaca*	Goldfröschchen	1,8/2,5	orange bis rötlich		W	80%		i	feuchter Untergrund	Madagaskar

Nr.	Art	Name	Größe	Färbung	Zeichnung	W/K	%			Untergrund	Verbreitung
5,19	*Mantella covani*		2,1	schwarz, gelb, rot, grün chromgelb	gefleckt	W	80%		:	feuchter Untergrund	Madagaskar
5,2	*Megalixalus laevis*	Zipfelkrötenfrosch	2,1/2,5	von hellem ocker bis dunkelbraun		W	50%		:	Blätter	Kamerun
4,1	*Megophrys monticola nasuta*		12,0		Hautzipfel über Augen und Nase	W	80%		:		Malaysia, Indonesien
5,34	*Microhyla pulchra*		3,5	rotbraun	dunkelbraune Dreieckszeichnung	W/WW	50%		:	Wasser	Süd-China
6,54	*Myobatrachus gouldii*	Schildkrötenfrosch	3,5	dunkelgrau		W/WW	30%		:		Australien
5,10	*Natalobatrachus bonebergi*	Natalfrosch	3,7	hellbraun grün	dunkelbraune Flecken	K	70%		:	Pflanzen	Südafrika
6,2	*Nectophryne afra*					W	70%		::		Nigeria, Kamerun
6,2	*Nectophrynoides vivipara*		6,0	variabel		W	70%		:	lebend-gebärend	Tansania
5,11	*Nesomantis thomasseti*		4,5		krötenartige Gestalt	W			:	Boden	Seychellen
5,16	*Petropedetes cameronensis*		3,2/4,7	grau	verwaschene schwarze Flecken	K/W	50%		:		Nigeria, Kamerun
5,16	*Petropedetes newtoni*		3,0/4,1	helles graugrün silber	schwärzlich marmoriert	K/W	50%		:		Kamerun
5,10	*Phrynobatractus alleni*		3,4/4,5	silbergrau bis graubraun		W	60%		:	Wasser	Nigeria
5,10	*Phrynobatractus calcaratus*		2,0/2,5	variabel		W	50%		:	Wasser	Nigeria
5,10	*Phrynobatrachus natalensis*	Natal-Silberfrosch	2,9	braun bis grau	dunkel marmoriert	W	50%		:	Wasser	Südafrika
5,10	*Phrynobatrachus w. werneri*		2,8	variabel		K/W	50%		:	Wasser	Kamerun, Nigeria

Gattungen, Arten, Pflege

K < 20 °C
W 20 – 25 °C
WW > 25 °C

〰 halbfeuchtes Terrarium (Savannenbewohner und Wasserfrösche)
〰 Regenwaldterrarium (Frösche für hohe Luftfeuchtigkeit)
〰 Aquarium (Vollaquatische Frösche)

Fam. Nr.	Wissenschaftlicher Name	Deutscher Name	Größe m f bis...cm	Farbe	Zeichnung oder ähnliches	⌀ Temp.	Feuchtigkeit ca.	Terrarium	Futter i = Insekten m = Mäuse	Fortpfl. auf / im	Verbreitungsgebiet
6,4	Phrynohyas venulosa	Giftlaubfrosch	8,0	braun	hell-dunkel gefleckt	W	80%	〰	i	Wasser	Costa Rica bis Bolivien
5,4	Phrynomerus annectens		3,9	schwarz	rote Flecken	W	50%	〰	i		SW.-Afrika
5,4	Phrynomerus bifasciatus	Zweistreifiger Wendehalsfrosch	6,8	schwarz	ziegelrote Längsstr.	W	50%	〰	i	Wasser	Mittel-, Ost- u. Südafrika
5,12	Phyllobates bicolor	Zweifarben-Blattsteiger	3,0	rot-schwarz	rote Flecken gefleckt	W/WW	80%	〰	i	Blätter	Peru
5,12	Phyllobates lugubris		2,8 / 3,3	schwarz	gelbe Längsstreifen grüne Füße	W/WW	80%	〰	i	Blätter	Mittelamerika
6,4	Phyllomedusa burmeisteri	Greiffrosch	7,0	grün	unten gelb	W/WW	80%	〰	i	Blätter	Südamerika
6,4	Phyllomedusa lemur	Lemuren-Greiffrosch	4,1 / 5,1	grün	gelber Seitenstreifen	W/WW	80%	〰	i	Blätter	Mittelamerika
6,4	Phyllomedusa rohdei		4,0	grün	orangegelbe/ schwarze Seiten	W/WW	80%	〰	i	Blätter	Paraguay
6,4	Phyllomedusa venusta		8,6 / 9,8	grün		WW	80%	〰	i		Panama
2,1	Pipa pipa	Wabenkröte	20,0	schwarz-braun		W		〰	Fische Tubifex	Rücken	Südamerika
6,50	Pleuroderma brachyops		4,0	grau-grün	heller Längsstr.	W	50%	〰	i		Kolumbien Venezuela
5,17	Platymantis corrugatus	Runzelfrosch	3,5 / 5,0		Längsstreifen	W	70%	〰	i	Boden	Philippinen
6,4	Pseudacris ornata	Schmuckchorfrosch	2,5 / 3,6	braun oder grün		K	50%	〰	i	Wasser	Florida

			Größe	Farbe	Zeichnung	W	%		Fische Tubifex	Wasser	Herkunft
6,1	*Pseudis paradoxa*	Harlekinfrosch	7,5	grün-gelb-schwarz	gestreift	W		≋		Wasser	Amazonas-gebiet
6,2	*Pseudobufo subasper*		15,0	braun		W/WW	60%	≋	i Fische Tubifex	Wasser	Malaysia Indonesien Australien
6,54	*Pseudophryne bibronii*	Bibron-Scheinkröte	2,5/3,0	braun	dunkle Punkte	W	60%	⇜⇝	i	unter Steinen	Australien
6,54	*Pseudophryne corroboree*		3,0		lackschw. u. leuchtendgelbe Punkte + Striche	K/W	60%	⇜⇝	i	unter Torfmoos-höhlen	Australien
5,15	*Ptychadena mascareniensis*		4,6/4,8	grün bis grau-braun	helle Längslinien	K/W	50%	⇜⇝	i	Wasser	Nigeria
5,15	*Ptychadena oxyrhynchus*		5,7/6,1	grau bis olivgrün	dunkle Flecken	W	50%	⇜⇝	i	Wasser	S.-, Westafrika
5,15	*Ptychadena taenioscelis*		3,5/4,0	grün bis grau-braun	helle + dunkle Längsstreifen, dunkle Flecken	K/W	50%	⇜⇝	i	Wasser	Guinea
5,15	*Pyxicephalus adspersus*		20,0/8,5	olivgrün bis hellgrün	helle Rückenstr.	W	30%	⇜⇝	i + m	Wasser	S.-, O.-, Mittelamerika
5,15	*Pyxicephalus marmoratus*		5,2	grau bis hell-braun	braun marmoriert	W	30%	⇜⇝	i	Wasser	O.-, Südafrika
5,15	*Pyxicephalus tuberculosus*		4,3	grau-braun	symmetrische dunkle Flecken	W	30%	⇜⇝	i	Wasser	O.-, Südafrika
5,15	*Rana adspersa*	Gesprenkelter Grabfrosch	25,0	grünlich	dunkle Flecken	W	30%	⇜⇝	i + m	Wasser	Mittel-, Südafrika
5,15	*Rana erythraea*	Rotohrfrosch	8,0	blattgrün	cremfarbene Seitenlinie, dunkel begrenzt	WW	50%	⇜⇝	i	Wasser	Südostasien
5,15	*Rana f. fasciata*		4,0/5,3	silber-gelb bis dunkel-braun	2 braune Rückenstreifen	W	50%	⇜⇝	i	Wasser	Südafrika
5,15	*Rana fuscigula*	Braunkehlfrosch	8,1/9,0	braun bis grün	dunkle Punkte heller Rückenstr.	W	50%	⇜⇝	i	Wasser	SW.-, Südafrika

Gattungen, Arten, Pflege

K < 20 °C
W 20 – 25 °C
WW > 25 °C

〜 halbfeuchtes Terrarium (Savannenbewohner und Wasserfrösche)
⌒ Regenwaldterrarium (Frösche für hohe Luftfeuchtigkeit)
≋ Aquarium (Vollaquatische Frösche)

Fam. Nr.	Wissenschaftlicher Name	Deutscher Name	Größe m f bis…cm	Farbe	Zeichnung oder ähnliches	⌀ Temp.	Feuchtigkeit ca.	Terrarium	Futter i = Insekten m = Mäuse	Fortpfl. auf/im	Verbreitungsgebiet
5,15	Rana goliath (neu Conraua g.)	Goliathfrosch	40,0	braun-oliv		W	80%	≋	Fische	Wasser	Westafrika
5,15	Rana g. grayi		5,0	hell-braun	dunkle Flecken helle Rückenlinie	W	60%	〜	i	Wasser	Südafrika
5,15	Rana hascheana		4,0	gelb-braun	gefleckt				i	Erde	Indien bis Vietnam
5,15	Rana hexadactyla	Sechszehenfrosch	12,0/14,0	grün	2 dunkle weißgetüpfelte Längsstreifen	W		≋	i + m	Wasser	Vorderindien Ceylon
5,15	Rana limnocharis	Südostasiatischer Reisfrosch	3,0/5,0	grünlich bis bräunlich	zwischen den Schultern w-förmige Zeichnung	W/WW	60%	〜	i	Wasser	Südostasien
5,15	Rana macrodon	Zahnfrosch	15,0	grün bis bräunlich	mit od. ohne hellem Rückenstreifen				i + m		Malaiische Halbinsel, Sundainseln
5,15	Rana mascareniensis	Nilfrosch	5,0	braun bis olivgrün	schwarze Flecken	W/WW		≋	i	Wasser	Afrika
5,15	Rana tigerina	Indischer Tigerfrosch	15,0	hell-braun	bräunlich gefleckt	W/WW	60%	〜	i + m	feuchte Löcher	südliches + südöstl. Asien
5,15	Rana wageri		4,6	gelb, ziegelrot bis braun		W	60%	〜	i	Grashalme	Südafrika

Nr.	Art	Deutscher Name	Größe	Farbe	Merkmale		%		Nahrung	Lebensraum	Verbreitung
5,2	*Rhacophorus leucomystax*	Weißbart-Ruderfrosch	6,5	braun		W	70%		i	Blätter od. feuchter Boden	Malaiische Halbinsel Borneo
5,2	*Rhacophorus reinwardti*	Java-Flugfrosch	6,0	grün		W	70%		i	feuchter Boden	Java
5,2	*Rhacophorus pardalis*	Borneo-Flugfrosch	5,5/7,5	grün bis braun	Füße orangefarben	W	70%		i	Blätter od. feucht. Boden	Borneo
6,51	*Rhinoderma darwini*	Nasenfrosch	3,0	bunt gefärbt	dreieckiger Hautzipfel	W	70%		i	Kehlsack	Südamerika
3,2	*Rhinophrynus dorsalis*	Mexikanische Nasenkröte	6,0	dunkelbraun	orangefarbener oder gelber Längsstreifen	W	70%		i	Wasser	Mexiko bis Guatemala
5,13	*Scotobleps gabonicus*		5,0	dunkelbraun	gefleckt	W	70%		i	feuchter Boden	Nigeria Kamerun
6,51	*Sminthillus limbatus*	Kubanischer Zwergfrosch	1,0			W	70%		i	feuchter Boden	Kuba
5,11	*Sooglossus seychellensis*	Seychellenfrosch	2,5		krötenartige Gestalt	K/W	50%		i	Boden	Seychellen
5,33	*Sphenophryne palmipes*	Schwimm-Engmaulfrosch	4,5	braun		K/W	70%		i		Neuguinea
5,13	*Trichobatrachus robustus*	Haarfrosch	13,0/10,0	braun-grün		W	80%		i + m	Wasser	Kamerun
6,4	*Triprion petasatus*		6,1/7,4	olivgrün	schwarze Flecken	W	50%		i	Wasser	Mexiko bis Guatemala
6,4	*Triprion spatulatus*		8,7/10,1	hellgrün bis gelbbraun	schwarze Flecken	W	70%		i	Wasser	Mexiko
6,54	*Uperoleia marmorata*		2,5	dunkelbraun	schwarze Flecken	W	50%		i		Australien
6,2	*Woltersdorffina parvipalmata*		3,5	schwarz					i		Kamerun Nigeria
2,1	*Xenopus fraseri*	Krallenfrosch		braunschwarz		WW			Fische Tubifex	Wasser	Westafrika
2,1	*Xenopus gilli*	Krallenfrosch	6,0	olivgrün		WW			Fische Tubifex	Wasser	Südafrika

Gattungen, Arten, Pflege

K < 20 °C
W 20 – 25 °C
WW > 25 °C

halbfeuchtes Terrarium (Savannenbewohner und Wasserfrösche)
Regenwaldterrarium (Frösche für hohe Luftfeuchtigkeit)
Aquarium (Vollaquatische Frösche)

Fam. Nr.	Wissenschaftlicher Name	Deutscher Name	Größe m f bis...cm	Farbe	Zeichnung oder ähnliches	ø Temp.	Feuchtigkeit ca.	Terrarium	Futter i = Insekten m = Mäuse	Fortpfl. auf / im	Verbreitungsgebiet
2,1	Xenopus laevis laevis	Krallenfrosch	12,5	schwarz bis gelblich-braun	braun marmoriert	WW		≋	Fische Tubifex	Wasser	O.-, Südafrika
2,1	Xenopus laevis poweri	Krallenfrosch	7,9	braun dunkel-braun	dunkle Punkte	WW		≋	Fische Tubifex	Wasser	SW.-Afrika
2,1	Xenopus muelleri	Krallenfrosch	7,1	grau bis olivgrün	dunkle Flecken	WW		≋	Fische Tubifex	Wasser	Südafrika
6,50	Zachaenus parvulus	Zwergfrosch	3,5	grün bis rot		W	70%		i	Blätter	Brasilien